에베소서
강해설교

천국의 비밀

| 송영선 지음 |

쿰란출판사

저자는 '죠이선교회' 에서 신앙생활을 시작했다. 학생 시절 죠이선교회 한분으로부터 전도를 받고 예수를 믿게 되었다. 그 이후로 약 10여 년을 죠이선교회에 몸담으면서 '교회' 보다는 '파라처치' 를 중요시 여기게 되었고 공동체보다는 개인을 중시 여기는 패러다임으로 신앙생활의 기초를 다져왔다. 따라서 교회에 대해서제대로 알지 못한 채 파라처치가 교회인 것처럼 알고 살았다.

개인적으로 예수를 열심히 믿고 많은 신앙의 체험과 성숙이 있으면 행복한 신앙생활인 줄 알고 믿었고 또 스스로 꽤 행복한 신앙생활을 해왔다고 생각했다. 그러나 그 신앙은 '우리' 의 신앙이 아니고 '나' 의 신앙이었다. 나의 이런 신앙생활이 크게 잘못된 것을 알게 된 것은 에베소서를 깊게 묵상하고 깨닫기 시작한 때부터다.

그동안 에베소서를 읽으면서도 에베소서 본문에 가장 많이 나오는 '우리' 라는 단어의 의미를 알지 못하고 그 '우리' 가 교회를 뜻하는 것임을 알지 못했다. 항상 에베소서를 읽으면서 "내가 창세로부터 택함을 받았고, 내가 예정을 입었고, 내가 속량을 받았고, 내가 구원 받았고, 내가 선한 일을 위해 지음을 받았고, 내가 그분의 신부이고" 하는 나 중심적인 신앙에서 벗어나지 못했다.

이런 상태는 신학교에 들어가서도 계속되었다. 누구 하나 시원하게 에베소서에 나타난 교회의 진정한 모습에 대해 명쾌하게 청사진을 제시해주지 않았다. 교회의 기원, 교회의 구성, 교회의 사명, 교회의 개성, 교회의 순결, 교회의 연합성과 다양성, 교회의 거룩성, 교회의 탁월성 등등 에베소서에 나타난 천국의 비밀인 '교회'에 대해 잘못 알고 있는 부분을 올바르게 지적해 줄 스승이나 책 또는 설교를 들어본 적이 없었다. 물론 '읽었고, 들었고, 가르침을 받았겠지만, 나의 교회에 대한 발상의 전환을 확실하게 가져다주고 깨달음을 주는 명쾌한 가르침을 들어본 적이 없었다'라고 말하는 것이 더 확실한 표현일 것이다.

본서는 교회에 대해 이렇게 잘 모르면서, 오랜 기간 동안 그 무지함을 깨닫지 못하고 사는 그리스도인들을 위해 쓰여졌다. 교회는 하나님 나라의 비밀이다. 교회를 위해 천지가 창조되었으며, 교회를 위해 예수께서 사람이 되셨고, 교회를 세우시기 위해 십자가와 부활의 영광과 승리를 체험하셨다. 그 예수께서 신부된 교회를 위해 다시 오신다고 약속하시고 재림을 준비하고 계신다는 하나님 나라의 비밀, 즉 천국의 비밀이 교회다. 본서는 이런 교회의 탁월성을 독자들이 명쾌하게 깨달을 수 있도록 강해 형식으로 편집되었다.

아무쪼록 모든 독자들이 본서를 통해 천국의 비밀인 '교회'를 올바로 이해하고 바른 교회관을 가지고 신앙생활을 하시기를 기도드린다.

2011. 11. 15.

송영선

천국의 비밀

에베소서 1장 1-6절

천국의 비밀 1

하나님의 뜻으로 말미암아 그리스도 예수의 사도 된 바울은 에베소에 있는 성도들과 그리스도 예수 안에 있는 신실한 자들에게 편지하노니 하나님 우리 아버지와 주 예수 그리스도로부터 은혜와 평강이 너희에게 있을지어다 찬송하리로다 하나님 곧 우리 주 예수 그리스도의 아버지께서 그리스도 안에서 하늘에 속한 모든 신령한 복을 우리에게 주시되 곧 창세 전에 그리스도 안에서 우리를 택하사 우리로 사랑 안에서 그 앞에 거룩하고 흠이 없게 하시려고 그 기쁘신 뜻대로 우리를 예정하사 예수 그리스도로 말미암아 자기의 아들들이 되게 하셨으니 이는 그가 사랑하시는 자 안에서 우리에게 거저 주시는 바 그의 은혜의 영광을 찬송하게 하려는 것이라(엡 1:1-6).

《천국의 비밀》이라는 제목으로 에베소서 안에 숨겨진 천국 비밀들을 캐보겠습니다. 에베소서는 신약성경 서사시 중에서 짧지만 장엄한 서사시라고 얘기하고 있습니다. 왜냐하면 에베소서가 다루는 '시간' 이 태초 전부터 영원까지이기 때문입니다. 에베소서는 우주의 창조의 목적, 창조의 경륜, 그리고 하나님이 우주를 만드시고 사람을 만드시면서 그 목적을 이루시기 위한 전략, 전술까지를 다 가르쳐주고 있습니다. 창세 전부터 지금까지 육안으로 볼 수 없고 생각할 수 없었던 영계의 비밀을 에베소서에서 가르쳐주고 있습니다.

에베소서는 매우 감성적이어서 그 비밀을 깨닫게 되면 춤을 추지 않을 수가 없습니다. 또한 에베소서는 기도의 책으로 성령의 역사를 명확하게 가르쳐주고 있습니다.

에베소서는 개인적입니다. 개인에 대한 운명, 이것에 내해서 하나님은 모든 사람들을 다 제쳐놓고 한 사람 한 사람에게 관심이 있다고 말씀하십니다. 나는 누구며, 어디서 왔으며, 왜 살아야 하며, 나를 지으신 목적이 무엇이며, 그것을 이루기 위해 어떻게 살아야 하는지 에베소서가 다 가르쳐 주고 있습니다.

이 짧은 서신은 놀랍게 단순하면서도 심오해서 단어 하나하나를 통해 천국에 대한 비밀을 알려주고 있습니다. 그리고 가장 개인적이면서도 가장 공동체적이기도 합니다. 에베소서만큼 '우리'라는 단어가 많이 나오는 책이 없습니다. 그래서 에베소서를 가지고 가정 세미나를 할 수 있습니다.

그리고 성경 중에서 교회에 대해 가장 잘 나와 있습니다. 교회가 언제 시작됐으며 어떻게 구성되어 있으며 어떤 사명을 가지고 있으며 교회가 제대로 움직여 얼마나 세상을 충만하게 할 수 있는지를 알려주고 있습니다. 아름다움과 탁월성과 다양성, 순수성, 하모니가 어우러지는 놀라운 교회의 비밀을 보여 주고 있습니다.

바울은 천국의 비밀이 너무 어마어마하고 높고 귀해서 글을 쓰다가 중간중간 기도를 했습니다. 대표적인 것이 1장 15-16절입니다.

"이로 말미암아 주 예수 안에서 너희 믿음과 모든 성도를 향한 사랑을 나도 듣고 내가 기도할 때에 기억하며 너희로 말미암아 감사하기를 그치지 아니하고"

에베소서의 의미가 너무 귀하니까 하나님께서 지혜와 계시의 정신을 주사 이것을 깨닫게 해달라고 기도했고 마음의 눈을 밝혀 달라고 기도했습니다. 기도하면서 에베소서를 읽어보십시오. 천국의 비밀들을 발견할 수 있습니다.

본문으로 들어가 1장 3절은 바울 사도가 성령의 계시를 받아서 기록했습니다.

"찬송하리로다 하나님 곧 우리 주 예수 그리스도의 아버지께서 그리스도 안에서 하늘에 속한 모든 신령한 복을 우리에게 주시되"

바울이 쓰고자 하는 내용은 너무 영적인 이야기들로 천국의 복, 곧 비밀입니다. 바로 4절에 "곧 창세 전에 그리스도 안에서 우리를 택하사"라고 했습니다. 여기서 '우리'는 교회를 얘기하지만 우리 한 사람 한 사람을 뜻하기도 합니다.

"우리로 사랑 안에서 그 앞에 거룩하고 흠이 없게 하시려고 그 기쁘신 뜻대로 우리를 예정하사 예수 그리스도로 말미암아 자기의 아들들이 되게 하셨으니"

이 1장 4~5절 말씀은 "나는 어디서 왔는가"라는 근본적인 질문에 대한 답입니다. 그 어느 책도 종교도 철학자도 시인의 가르침도 인간이, 내가 어디서 왔는지 명확하게 심오하게 가르쳐 주지 못하는데 바로 하나님이 우리를 만드셨다고 했습니다. 하나님은 우리를 창세 전에 만드셨는데 사랑하려고 만드셨습니다. 하나님이 거룩하시니 이 뜨거운 용광로에서 우리 안에 있는 불순물을 다 씻어 하나님처럼 거룩하게 만들어서 흠이 없게 하려고 우리를 만드셨습니다.

"여호와여 주께서 나를 살펴보셨으므로 나를 아시나이다 주께서 내가 앉고 일어섬을 아시고 멀리서도 나의 생각을 밝히 아시오며 나의 모든 길과 내가 눕는 것을 살펴보셨으므로 나의 모든 행위을 익히 아시오니 여호와여 내 혀의 말을 알지 못하시는 것이 하나도 없으시니이다"(시 139:1-4).

세상에 약 69억 명이 살고 있는데 이 말씀은 여호와께서 나의 앉고 일어섬을 아시고 멀리서도 나의 생각을 아시고 나의 모든 길과 내가 눕는 것을 살펴보시고 나의 행위를 익히 아시고 내 혀의 말을 알지 못하는 것이 하나도 없고 나의 앞뒤를 둘러싸고 내게 안수하신다는 말입니다. 이 지식이 내게 너무 귀하고 높아 내가 능히 미치지 못합니다. 내가 주의 영을 떠나 어디로 가며, 주의 앞에서 어디로 피하겠습니까.

여러분이 어디를 가도 마음 깊숙한 곳에서 하나님의 눈이 항상 여러분을 쳐다보고 계십니다. 우리가 의식하든 의식하지 않든 하나님은 우리를 보고 계십니다. 다만 이 지식이 너무 귀하고 높아서 우리가 미처 깨닫지 못하고 믿지 못하는 것입니다. 모든 생각, 일거수일투족, 모든 것을 멀리서도 다 아시고 앞뒤로 하나님이 둘러싸고 계십니다. 이것이 너무 귀하고 높아 믿어지지 않지만 사실입니다.

> "주께서 내 내장을 지으시며 나의 모태에서 나를 만드셨나이다 내가 주께 감사하옴은 나를 지으심이 심히 기묘하심이라"(시 139:13-14).

성경 개역개정의 "심히 기묘하심이라"라는 말씀은 영어로는 "wonderfully and fearfully"라고 표현되어 있습니다. 한 사람 한 사람이 자신을 어떻게 생각하는지 상관없이 하나님은 우리를 만드실 때 아주 놀랍고 두렵게 정밀하고 기묘하고 섬세하고 조직적이고 아름답고 멋있게 만드셨습니다.

내가 은밀한 곳에서 지음을 받고 땅 깊은 곳에서 귀하게 지음을 받을 때 나의 형체가 주님 앞에서 숨겨지지 못했습니다. 여러분과 제가 지음 받은 것은 이 세상에서가 아니고 창세 전에 은밀한 곳에서 이미 지음받았습니다. 시편 139편 16절의 '형질'은 우리의 형질이 이루어지기 전에 주님이 보신 우리입니다. 그게 소프트웨어 즉 여러분의 영혼입니다.

에베소서 1장 4절 말씀에 의하면 창세 전에 하나님이 우리를 만드셨습니다. 여러분은 영원 전부터 존재하고 있다가 생일에 몸을 쓰고 나온 것입니다. 내 형질이 이루어지기 전에 주님이 우리를 보셨고 기록이 되었습니다. 그러니 우리가 언제 태어나고 언제 이민 와서 언제 무슨 일을 하고 언제 교회에 오고 하는 것이 이루어지기 전에 다 하나님 책에 기록되어 있습니다.

이 귀하고 신비한 것을 우리가 이해하지 못하고 믿지 않으면 뭘 믿어야 할까요? 나는 아무 목적 없이 이 세상에 태어났고, 우연히 이 세상에서 살다가 죽는 아무 의미도 없는 존재에 불과합니까? 이것은 마귀의 거짓말입니다. 우리는 너무 속고만 살아서 도무지 믿지 못하는 것입니다.

"너는 미국의 소수민족이야. 아시아인이야, 한국인이야. 네가 하는 일이 대단한 것도 아니고 그냥 먹고 살기 위해 이런 저런 일을 하는 사람이야. 오늘 아침에도 아내와 싸우고 아이들 혼내고 간신히 교회 나온 아무것도 아닌 사람이야."

이런 우리의 낮은 생각에 주님의 말씀은 너무 높고 귀합니다.

"하나님이여 주의 생각이 내게 어찌 그리 보배로우신지요."

이게 바로 사도 바울이 깨달은 것입니다. 그전에는 몰랐지만 하나님께서 그리스도 안에서 하늘에 속한 모든 신령한 복을 우리에게 주시는데 그중 하나가 "창세 전에 그리스도 안에서 우리를 택하사 우리로 사랑 안에서 그 앞에 거룩하고 흠이 없게 하시는 것"(1:4)입니다. 하나님이 거룩하시므로 우리도 사랑하려면 거룩해야 합니다. 또한 이 세상을 거룩하게 하려고 우리를 살게 하십니다.

세상 어느 책, 어느 가르침, 어느 철학, 어느 인간이 만든 종교도 여러분과 제가 누구인지, 어디서 왔는지 명확하게 가르쳐 주지 못하지만 성경은 우리가 어디서 왔는지 알려 주고 있습니다. 그럼 우리는 누구입니까?

첫째, 우리는 하나님의 애인입니다.

애인은 사랑하는 사람입니다. 창세기 1장 27절을 보면 하나님이 자기 형상대로 우리를 창조하셨다고 했습니다. 그 하나님의 형상, "우리의 형상을 따라 우리의 모양대로 우리가 사람을 만들자"(창 1:26)라고 했습니다.

> "사랑하는 자들아 우리가 서로 사랑하자 사랑은 하나님께 속한 것이니 사랑하는 자마다 하나님으로부터 나서 하나님을 알고 사랑하지 아니하는 자는 하나님을 알지 못하나니"(요일 4:7-8).

하나님은 사랑이십니다. 그래서 하나님은 사람을 창조하실 때 다른 이유보다도 애인 삼으려고 만드셨습니다. 그래서 본문 1장 4절 말씀처럼 "곧 창세 전에 그리스도 안에서 우리를 택하사" 우리를 사랑하시려고, 영원히 주님의 애인으로 사랑하시려고 만드신 겁니다. 그런데 애인으로 사랑하시려니 우리도 거룩하길 원해서 이 세상에서 우리를 거룩하게 만드셨습니다.

> "너의 하나님 여호와가 너의 가운데에 계시니 그는 구원을 베푸실 전능자이시라 그가 너로 말미암아 기쁨을 이기지 못하시며 너를

잠잠히 사랑하시며 너로 말미암아 즐거이 부르며 기뻐하시리라 하리라”(습 3:17).

하나님이 우리를 만들고 너무 좋아 기쁨을 이기지 못하셨습니다. 지금도 우리 때문에 즐거이 부르며 기뻐하고 계십니다. 우리가 자신을 어떻게 생각하든 하나님은 우리를 그렇게 보십니다.

이 말씀을 깊이 느낄 수 있는 사건이 있었습니다. 지난번 입당 예배를 위해 다른 주에서 딸과 사위, 손자가 왔습니다. 지난 화요일에 그들이 집에 돌아가려고 짐을 싸는데 가방이 꽤 무거워서 제가 잡고 나가려니 두 살배기인 손자가 억지로 가방을 끌고 차로 가는 것이었습니다. 그 모습을 보며 저는 옆에서 기쁨을 이기지 못하여 잠잠히 사랑하고 즐거이 부르며 기뻐하고 있었습니다. 그러면서도 무거운 가방 때문에 혹시나 다치지 않을까 하며 즉시 가서 구해 줄 채비를 하고 있었습니다. 그때 제가 느낀 것이 ‘하나님의 마음이 이것이구나. 하나님이 날 이렇게 사랑하시는구나’ 였습니다.

하나님이 세상을 이처럼 사랑하사 독생자를 주셨습니다. 하나님께서는 여러분과 저의 죄 때문에 천하보다 귀한 독생자 예수를 보내 십자가에서 돌아가게 하셨습니다. 하나님은 우릴 위해 독생자 예수를 버리셨습니다. 이것이 너무 높고 귀한 기쁜 소식입니다.

17세 때 저는 아무도 저를 사랑하는 사람이 없는 줄 알았고 과부의 아들이라 아무도 날 좋아하지 않는 줄 알았습니다. 처음엔 하나님이 날 위해서 죽으셨다는 사실을 못 믿었지만 믿기로 결심하고 “주님, 제가 이 사실을 믿습니다”하며 예수를 나의 구주로 영접하는 순간에 엄청난 따뜻함이, 하나님의 형용할 수 없는 빛이 안에서 바깥으로 나오며 저를 감쌌습니다.

여러분도 이 사랑을 체험하시길 바랍니다. 이 경험이 없으면 버린 자식입니다. 세상의 거짓말에 세뇌당해서, 주님의 말씀이 너무 귀하고 높기 때문에 믿지 못하는 것입니다. 하지만 주님을 만나보십시오. 찾으십시오. 왜냐하면 주님도 우리를 찾고 계시기 때문입니다. 아브라함이 그렇게 하나님을 찾았고 다른 믿음의 조상들도 그렇게 했습니다. 지금 이 복음을 듣고 주님을 영접하시기 바랍니다.

둘째, 우리는 더럽습니다.

“그는 허물과 죄로 죽었던 너희를 살리셨도다 그때에 너희는 그 가운데서 행하여 이 세상 풍조를 따르고 공중의 권세 잡은 자를 따랐으니 곧 지금 불순종의 아들들 가운데서 역사하는 영이라 전에는 우리도 다 그 가운데서 우리 육체의 욕심을 따라 지내며 육체와 마음이 원하는 것을 하여 다른 이들과 같이 본질상 진노의 자녀이었더니”(2:1-3).

“거짓되고 심히 부패한 것은 마음이라”(렘 17:9).

우리가 날 때부터 하나님을 모르게 된 이유는 창세기 3장에 나와 있습니다. 죄 뒤에 악한 영이 있습니다. 불순종의 아들들, 하나님을 믿지 않는 사람들 이런 하나님의 가르침을 못 믿겠다고 하는 사람들 뒤에 마귀가 있습니다.

에베소서는 영적인 세계를 보여줍니다. 우리는 그것을 볼 수 없지만 몰고 다니는 바람 뒤에 하나님의 대적자 사탄이 있어 욕심과 돈과 명예와 권력을 추구하도록 하면서 아무 의미 없는 것을 위해 살다가 죽게 만듭니다. 이렇게 부패한 자들이 바로 우리입니다. 그래서 예수의 보혈이 저희의 더러움을 다 깨끗게 하여 주시고 우리가 그분을 영접할 때 그분이 우리를 원래 창조 목적대로 신부로 받아들이십니다.

> "그 기쁘신 뜻대로 우리를 예정하사 예수 그리스도로 말미암아 자기의 아들들이 되게 하셨으니"(1:5).

누구든지 예수를 믿으면 하나님의 자녀가 되는 권세를 주셨기에 여러분이 시민권을 받듯이 주님께서 여러분에게 하늘 권세를 주십니다. 하나님께서 하나님의 자녀가 되는 절차를 말씀하신 것입니다. 우리가 누구며 어디서 왔으며, 왜 하나님께서 지으셨는가를 받아들이고 믿으면 하나님의 자녀가 되는, 천국 가는 권세를 주신다는 것입니다. 우리는 혈통으로나 육적으로나 사람의 뜻으로 나지 않고 하나님의 뜻으로 난 자들입니다.

나는 예정이 안 되어 있을 수도 있으니 안 믿겠다고 말하는 사람도 있지만 하나님은 우리를 바로 그리스도 안에서 예정하셨습니다. 노아 때 주님께서 우리를 심판하신다 할 때 구원할 사람도 예정하시고 노아의 방주를 예정하셨습니다. 누구든지 노아의 방주로 가는 사람은 구원받을 수 있었지만 오직 믿은 8명만 살았습니다. 여러분들이 할 일은 예수 안에 들어가는 것, 즉 예수를 믿는 것입니다. 이런 엄청난 공짜가 어딨습니까? 그런데 이게 공짜니까 사람들이 오히려 안 믿는 것입니다.

> "너희는 그 은혜에 의하여 믿음으로 말미암아 구원을 받았으니 이것은 너희에게서 난 것이 아니요 하나님의 선물이라 행위에서 난 것이 아니니 이는 누구든지 자랑하지 못하게 함이라"(2:8-9).

주님 안에 있으면 이미 예정을 받은 사람들입니다. 이것을 믿고 거룩하게 흠이 없이 살고자 자신을 주님께 드리면서 깨끗해져서 하나님의 영원한 신부가 되는 천국의 신령한 복을 다 받으시기를 축원합니다.

에베소서 1장 7-12절

천국의 비밀 2

우리는 그리스도 안에서 그의 은혜의 풍성함을 따라 그의 피로 말미암아 속량 곧 죄 사함을 받았느니라 이는 그가 모든 지혜와 총명을 우리에게 넘치게 하사 그 뜻의 비밀을 우리에게 알리신 것이요 그의 기뻐하심을 따라 그리스도 안에서 때가 찬 경륜을 위하여 예정하신 것이니 하늘에 있는 것이나 땅에 있는 것이 다 그리스도 안에서 통일되게 하려 하심이라 모든 일을 그의 뜻의 결정대로 일하시는 이의 계획을 따라 우리가 예정을 입어 그 안에서 기업이 되었으니 이는 우리가 그리스도 안에서 전부터 바라던 그의 영광의 찬송이 되게 하려 하심이라(엡 1:7-12).

1장 6절 말씀에 "이는 그가 사랑하시는 자"라고 했는데 그는 곧 그리스도 예수를 말씀합니다. 더 확대해서 보자면 그리스도 안의 우리들입니다.

"우리에게 거저 주시는 바 그의 은혜의 영광을 찬송하게 하려는 것이라"

이것이 천국의 비밀입니다. 형질이 이루어지기 전에 우리를 미리 아셨고 사랑하시고 거룩하게 하시려고 하는 하나님의 목적은 바로 주님의 영광을 찬송하게 하기 위함입니다. 그렇다면 '은혜의 영광'은 무슨 뜻인가요? "To praise his glorious grace", 곧 그의 영광스러운 은혜를 찬양한다는 뜻입니다. 하나님은 은혜의 하나님이시므로 그 영광스러운 은혜를 찬양하기 위해 우리를 지으시고 사랑하시고 거룩하게 하신 것입니다.

교회에서 '은혜'라는 말을 너무 자주 사용해서 값싼 은혜(cheap grace)라는 말까지 나왔습니다. 하지만 성경은 영광스러운 하나님의 은혜(glorious grace of God)를 뜻하고 있습니다. 여러분이 성경을 묵상하시면 깊은 광맥을 잡아낼 수 있습니다. 그렇다면 은혜는 무엇입니까?

첫째, 은혜는 거저 받는 것입니다.

> "이는 그가 사랑하시는 자 안에서 우리에게 거저 주시는 바 그의 은혜의 영광을 찬송하게 하려는 것이라"(1:6)

거저 받는 모든 것이 은혜입니다. 거저 받은 은혜 중 가장 귀한 것은 바로 여러분이 교회에 와 있는 것입니다. 우리가 원해서 이곳에 와 있다고 생각하십니까? 주님께서 허락하시지 않으면 우리는 여기 와 있을 수가 없습니다.

얼마 전에 저희 막내가 교통사고를 당했는데 털끝 하나 다치지 않았습니다. 이것 또한 은혜입니다. 건강한 것, 가족과 함께 살 수 있는 것을 감사하시길 바랍니다. 가뭄 뒤에 내리는 비, 그 청량함,

시원함 모두 은혜입니다. 우리는 단지 주님이 거저 주신 은혜를 잊고 살 뿐입니다. 하나님이 허락지 않으면 이것들이 우리에게 오지 못합니다. 죽지 않고 살아있다는 감격 또한 은혜입니다.

둘째, 은혜는 변화를 가져옵니다.

하나님의 능력, 임재, 역사로 말미암아 삶에 구체적인 변화가 생기는 것이 두 번째 은혜입니다. 갈릴리 가나의 포도주가 떨어진 집에서 물을 포도주로 바꾸시고 예수가 주인이 되면서 다이내믹한 삶으로 바뀌는 것, 혈루증에 걸린 여자가 주님의 옷자락을 만지고 나음받은 것도 은혜입니다. 보리떡 다섯 개와 물고기 두 마리로 오천 명이 먹을 수 있던 것, 죽은 나인 성 과부의 아들이 살아난 것들이 모두 은혜입니다

셋째, 은혜 중의 은혜는 죄 사함의 은혜입니다.

성경에서 이야기하는 영광스러운 은혜는 7절에 있는 은혜입니다.

> "우리는 그리스도 안에서 그의 은혜의 풍성함을 따라 그의 피로 말미암아 속량 곧 죄 사함을 받았느니라"

하나님께서 거저 주신 것도 은혜지만 은혜 중의 은혜는 예수의

피로 말미암아 속량, 죄 사함을 받은 은혜입니다. "나 같은 죄인 살리신 주 은혜 놀라워"라고 하는 이 고백을 마음으로부터 할 수 있는 것이 바로 가장 큰 은혜입니다.

속량은 돈을 주고 샀다는 의미가 있습니다. 로마시대에는 돈을 주고 노예를 샀습니다. 그중에서 좋은 노예는 값이 비쌌습니다. 여러분 한 사람 한 사람은 예수께서 자신의 목숨을 주고 사신 자들입니다. 그의 피로 우리를 속량하셨습니다. 예수께서 목숨을 버리고 우리를 사신 만큼 우리는 귀합니다. 여러분이 얼마나 귀하고 놀라운 존재인지 값으로 매길 수가 없습니다. 그래서 주님께서 자신의 목숨을 버리신 것입니다.

요한복음 8장에 한 여자가 간음죄로 인해 돌에 맞아 죽어야 하는 장면이 나오는데, 예수는 죄가 없는 자만 이 여자를 돌로 치라고 하셨습니다.

> "모든 사람이 죄를 범하였으매 하나님의 영광에 이르지 못하더니"(롬 3:23).

사람들은 모두 돌을 내려놓고 떠났습니다. 우리는 이와 같이 죄로 인해 죽어야 하는 존재였습니다. 마침내 여자가 혼자 남았을 때 주님께서 "너를 정죄하던 자들이 어디 있느냐" 하니 여자가 "갔습니다"라고 대답했습니다. 이 대답은 주님이 살리시면 살고 죽이시면 죽는다는 뜻인데 주님께서 그 여자를 용서해 주셨습니다.

아마 그 순간에 마귀가 옆에서 비웃으며 "그렇게 값싸게 용서해주면 어떻게 인간이 거룩해지냐"라고 했겠지만 주님은 "모든 사람이 죄를 범해 하나님의 영광에 이르지 못하지만 그리스도의 속량으로 인해 하나님의 은혜로 값없이 은혜로운 자가 되었다. 이것이 값싼 은혜인가? 내가 나를 죽여서 이 여자를 살렸는데 이것이 값싼 은혜냐?"라고 대답했을 것입니다.

예수께는 이 여자를 용서할 수 있는 힘이 있었습니다. 여러분이 어떤 죄를 지어도 주님은 용서하시지만 딱 하나, 주님을 믿지 못하는 것은 용서하시지 않습니다. 우리는 주님의 영광스러운 은혜를 찬양해야 합니다. 저 또한 17세 때부터 주님을 영접하고 찬양했습니다. 저는 제 삶을 주님 안에서 그의 영광을 찬양하는 일에 사용할 것입니다.

우리가 은혜를 받았다면 은혜를 받은 뒤 어떻게 해야 합니까?

예수 없는 우리는 별볼일없는 존재입니다. 아무리 돈이 많고 권력이 있어도 죽음 앞에서는 다 소용이 없습니다. 예수 없이는 우리는 아무것도 아닌 존재라는 것을 믿으셔야 합니다. "하나님이 세상을 이처럼 사랑하사 독생자를 주셨으니", 거꾸로 이야기하면 주님을 믿지 않으면 멸망한다는 것입니다. 여러분의 존재 상황을 깨달아야 예수가 필요하다는 것을 알게 되고 은혜를 받을 수 있습니다.

삭개오 또한 돈에 눈이 멀어 세무장이 됐지만 자신의 잘못을 깨닫고 주님께로 돌아와 주님의 은혜를 받았습니다. 주님은 삭개오의 이름을 알고 부르셨습니다. 주님은 여러분이 누구인지를 다 알고 계십니다. 삭개오는 자신이 왜 사는지 깨닫고 변화되었습니다.

여러분도 삭개오와 혈루증 걸린 여자처럼 주님 앞으로 나아와야 합니다.

주님을 어떻게 찬송할 수 있습니까? 찬송을 부르시면 됩니다. 하지만 이것만으로는 불충분합니다. 손양원 목사님은 두 아들이 순교한 상황에서도 열 가지 감사를 하나님께 드렸습니다. 이것이 바로 은혜의 영광을 찬송하는 모습이고 이것이 바로 우리가 할 일입니다. 주님의 영광스러운 은혜를 찬송하는 것이 우리가 가지고 있는 비전입니다. 여러분 모두 이 은혜를 추구하면서 예수의 구원의 은혜를 받으시길 바랍니다.

에베소서 1장 13-14절

천국의 비밀 3
-성령-

그 안에서 너희도 진리의 말씀 곧 너희의 구원의 복음을 듣고 그 안에서 또한 믿어 약속의 성령으로 인치심을 받았으니 이는 우리 기업의 보증이 되사 그 얻으신 것을 속량하시고 그의 영광을 찬송하게 하려 하심이라(엡 1:13-14).

'비밀'이라는 두 가지 영어 단어가 있는데 'secret'과 'mystery'입니다. 그런데 본문에서 이야기하는 비밀은 secret이 아닙니다. secret은 없었던 것이 나타난 것이고 mystery는 있는 것을 깨닫지 못하고 있다가 깨닫는 것입니다.

오늘 본문에서 아주 놀라운 천국의 비밀이 하나 소개되고 있습니다. 그것은 '성령'에 대한 비밀입니다. 성령 하면 우리가 다 아는 것이고 새삼스럽지 않은데 왜 비밀이라고 합니까? 이 성령이야말로 아주 신기하고 놀라우신 분이기 때문입니다. 이것을 제대로 알고 깨닫고 믿으면 우리의 인생이 달라집니다.

본문 13절 말씀에 "그 안에서 너희도 진리의 말씀 곧 너희의 구원의 복음을 듣고"라고 했는데 신앙생활을 할 때 제일 처음 진리의 말씀을 들어야 합니다. 이 진리의 말씀은 창세기부터 요한계시록까지의 성경 말씀을 얘기하는데 특별히 '복음'을 뜻합니다. 복음은 그리스도 예수께서 우리를 사랑하셔서 하늘 보좌를 버리고 이 땅에 오셔서 십자가에 죽으셔서 사흘만에 부활하셨기에 우리가 죄 사함을 받고 영원한 삶을 산다는 것입니다. 예수 부활은 곧 우리의 부활입니다.

첫째로 잠시 잠깐 이 세상에 살다 없어지는 것이 아니고 예수를 믿으면 그 안에서 영원한 생명, 영생을 얻게 된다는 것이 복음입니다. 그 안에서 구원의 복음을 듣고, 그 진리의 말씀을 깨닫고 예수 믿는 자가 되어 이곳에 이렇게 모여 있습니다.

둘째로 "그 안에서 또한 믿어 약속의 성령으로 인치심을 받았으니" 이는 성령께서 "우리 기업(교회)의 보증이 되사 그 얻으신 것을 속량하시고", 이제 우리는 예수를 믿고 구원받았지만 궁극적으로 우리 영혼이 완전히 천국에서 살 그날까지, 그 얻으신 것을 속량하시고 영혼이 하나님 나라에 있게 하신다고 해석하면 됩니다.

> "그 얻으신 것을 속량하시고 그의 영광을 찬송하게 하려 하심이라"(1:14).

예수 믿는 것은 두 가지를 한꺼번에 믿는 것입니다. 구원의 복음을 믿어서 구원을 받아야 하고 또 성령을 믿어야 합니다.

여기서 약속의 성령이라고 말씀하고 계신데 약속의 성령은 무엇입니까?

"또 새 영을 너희 속에 두고 새 마음을 너희에게 주되 너희 육신에서 굳은 마음을 제거하고 부드러운 마음을 줄 것이며 또 내 영(성령)을 너희 속에 두어 너희로 내 율례를 행하게 하리니 너희가 내 규례를 지켜 행할지라"(겔 36:26-27).

자기 힘으로 율법을 지키고 자기 능력으로 의롭게 살려고 하던 모든 것이 불가능한 것을 유대인들이 비로소 깨달았을 때 에스겔 선지자를 통해 너희가 필요한 것은 성령이니 새 신을 부어주겠다고 하셨습니다. 또 요엘서 2장 28-29절에 "그 후에 내가 내 영을 만민에게 부어주리니 너희 자녀들이 장래 일을 말할 것이며 너희 늙은이는 꿈을 꾸며 너희 젊은이는 이상을 볼 것이며 그때에 내가 또 내 영을 남종과 여종에게 부어줄 것이며"라고 예언했지만 이것보다 중요한 것이 예수께서 약속하신 성령입니다.

"내가 아버지께 구하겠으니 그가 또 다른 보혜사를 너희에게 주사 영원토록 너희와 함께 있게 하리니 그는 진리의 영이라 세상은 능히 그를 받지 못하나니 이는 그를 보지도 못하고 알지도 못함이라 그러나 너희는 그를 아나니 그는 너희와 함께 거하심이요 또 너희 속에 계시겠음이라"(요 14:16-17).

예수께서 십자가에 달려 돌아가실 것이라는 말을 들은 제자들이 두려움에 떨며 걱정과 근심에 싸여 있을 때에 예수께서 "너희는 마음에 근심하지 말라 하나님을 믿으니 또 나를 믿으라"라고 하신 말씀이 바로 요한복음 14장 1절입니다. 그것만이 아니라 또 다른 보혜사, 성령을 보내 주시겠다고 했습니다. 보혜사는 옆에서 나를 도와주시는 분이라는 뜻인데 에베소서 표현에 의하면 우리를 인치시고 보증이 되시는 능력의 신이라고 합니다.

세상은 성령이 누군지 모릅니다. 성령을 마치 구름 잡는 이야기를 하는 듯이 받아들입니다. 귀신이나 악령에 대해서는 잘 알고 또 귀신을 보기까지 합니다. 그러나 성령, 하나님의 영은 잘 모릅니다. 오직 예수 믿는 사람에게만 성령이 알려지고 보여지고 받아들여지는 것입니다.

> "세상은 능히 그를 받지 못하나니 이는 그를 보지도 못하고 알지도 못함이라 그러나 너희(예수 믿는 자)는 그를 아나니"(요 14:17).

여러분이 예수를 믿으면 성령을 아는 것이며 성령이 우리와 함께 거하십니다.

> "볼지어다 내가 문 밖에 서서 두드리노니 누구든지 내 음성을 듣고 문을 열면 내가 그에게로 들어가 그와 더불어 먹고 그는 나와 더불어 먹으리라"(계 3:20).

> "귀 있는 자는 성령이 교회들에게 하시는 말씀을 들을지어다"(계

3:22).

예수가 우리 안에 들어오면 성령도 같이 들어오십니다. "또한 함께 거하시며 우리 속에 계시겠음이라"라는 말씀은 미래형인데 예수 부활 후 승천하실 때에 성령이 내려오시기 때문입니다.

> "오순절 날이 이미 이르매 그들이 다같이 한 곳에 모였더니 홀연히 하늘로부터 급하고 강한 바람 같은 소리가 있어 그들이 앉은 온 집에 가득하며 마치 불의 혀처럼 갈라지는 것들이 그들에게 보여 각 사람 위에 하나씩 임하여 있더니 그들이 다 성령의 충만함을 받고 성령이 말하게 하심을 따라 다른 언어들로 말하기를 시작하니라"(행 2:1-4).

약속하신 성령이 오순절 날 임했습니다. 그래서 성령이 말하게 하심을 따라 다른 언어로 말하기 시작하자 그들이 다 놀랐습니다. 성령이 임하시면 다 놀라 당황할 수밖에 없습니다. 예수는 우리와 함께 거하시며 우리 속에 계시겠다고 미래형으로 말씀하셨는데 우리에게는 과거형입니다. 왜냐하면 이미 성령이 오셨기 때문입니다.

신앙생활을 올바르게 하려면 진리의 말씀을 듣고 구원의 복음을 깨닫는 것이 절대적으로 필요하고 우선적입니다. 성령이 여러분을 예수의 것으로 인치셨고 우리 기업의 보증이 되시고 힘이 되셨습니다. 예수는 승천하기 직전에 감람산에서 "예루살렘을 떠나지 말고 내게서 들은 바 아버지께서 약속하신 것을 기다리라"라고 하셨습니다. 그때 약속하신 것이 바로 성령입니다.

"요한은 물로 세례를 베풀었으나 너희는 몇 날이 못 되어 성령으로 세례를 받으리라"(행 1:5).

'물'은 말씀입니다. 말씀으로 자리를 깔고 성령으로 깨달아서 예수를 믿고 영접해야 합니다. 성령이 우리의 보증이 되사 신앙생활을 하는 것입니다. 이것이 천국의 비밀이고 이것이 오늘 말씀의 주제입니다.

승천하기 직전 예수의 관심사는 보혜사인 성령을 받으면 권능을 받을지니 보증이 되시고 능력이 되실 것이라는 것입니다. '권능'은 헬라어로 두나미스(dunamis)인데 이 단어에서 다이너마이트가 나왔습니다. 성령이 역사하시면 놀라운 보증을 받아 폭발적인 신앙을 갖게 된다는 뜻입니다.

그런데 제자들은 주께서 이스라엘을 회복하심이 이때냐는 엉뚱한 질문을 합니다. 예수의 초점과 우리의 초점이 다릅니다. 열방이 하나님을 거부하고 온 민족과 나라가 하나님을 인정하지 않고 하나님을 대항하며 죄 가운데 죽어가는 세상에서 예수의 관심사는 우리가 성령의 은혜를 받아 하나님을 영접하고 인정하고 아버지로 받아들여 영생을 얻는 것인데 유대 제자들의 관심은 예루살렘이 언제 회복되는지, 자신들의 일이 잘 되어가는지에 있습니다.

예수는 우리가 오직 성령과 권능을 받아서 예루살렘과 온 세상의 증인이 되길 원하셨습니다. 성령 충만을 사모하고 성령의 권능을 받아 성령이 우리의 보증이 되는 신앙생활을 하라는 것입니다.

제자들은 이 말씀에 순종해 마가의 다락방에 들어가 기도에 힘셨습니다. 오순절 날이 이르매 홀연히 하늘로부터 급하고 강한 바람 같은 불 같은 성령이 나타나셨습니다. 그날 베드로가 전도를 하니 3천에서 5천 명이 예수를 영접했습니다.

어떤 젊은 선교사가 미국에서 실용주의적인 교육을 받고 자랐습니다. 미국 교육의 목적은 이 세상에 살 때 잘 먹고 잘 사는 것으로 이성과 경험을 강조해 가르칩니다. 이런 교육을 받은 선교사가 예수를 믿게 됐습니다. 이것이 성령의 역사였지만 깨닫지 못하다가 자신이 받은 복음이 너무나 귀해 신학교에 들어가 선교사로 안수받고 아프리카에 가서 선교하기 시작했습니다.

그동안 사귄 아프리카 형제와 함께 밀림에 들어가니 추장과 사람들이 모여 있었습니다. 그 앞에 큰 테이블이 있었는데 추장이 환영하며 "우리의 신이 능력이 있는데 만약에 너희가 믿는 신과 우리의 신이 싸워서 우리 신이 이기면 너희가 우리 신을 믿어야 하며 너희의 신이 이기면 우리가 믿겠노라"라고 하고 기도를 시작하며 테이블에 손가락질을 하니 그 큰 테이블이 공중에 붕 떴습니다. 그리고 한 바퀴를 돌더니 사뿐히 내려앉았습니다.

선교사는 당황해 얼굴이 하얗게 질렸습니다. 진리의 말씀, 구원의 복음 뒤에 성령의 보증이 있다는 것을 몰랐던 선교사는 너무나 놀라 어떻게 할 줄 모르고 있는데 한 아프리카 형제가 "그래서 어쩌란 말이냐? 이 테이블을 공중에 뜨게 만든 신은 어떤 신이었느냐? 너희의 아들 딸을 바치게 하고 너희를 죽이고 지배하고 속박한 그 신이 아니냐? 우리의 신은 천지를 만들고 너희를 만든 하나님의 아들 예수 그리스도며 우리를 사랑하셔서 십자가에 매달려 우리를 구원하신 사랑의 신이며 용서의 신이다. 우리를 죄 가운데서 해방시키시고 우리를 영원히 살게 할 하나님이시다"라고 대답합니다.

그 다음 하나님을 보여주겠다며 추장에게 "다시 기도하여 테이블을 움직이게 하라"라고 했고 추장이 기도를 끝내자마자 아프리카 청년은 "예수의 이름으로 명하노니 이 테이블은 꿈쩍도 하지 말라" 하니 그 테이블이 움직이지 않았습니다. 그후 추장과 마을 사람들이 무릎 꿇고 예수를 영접하고 교회를 세웠습니다.

예수를 믿으면 우리 안에 성령이 오십니다. 우리는 성령을 알아야 하고 활용해야 합니다. 그러기 위해 말씀과 기도생활을 충실히 하고 성령이 충만하도록 기도해야 합니다. 제자들이 다락방에서 기도한 것처럼 말입니다.

예수를 믿는다고 하면서도 성령을 의지하지 않을 때가 많습니다. 이러한 신앙에서 벗어나야 합니다. 바울 사도처럼 모든 예수 믿는 사람들은 성령의 은혜를 받은 경험을 갖고 있습니다. 성령이 매 순간순간 우리 삶을 인도하시는 것을 느낍니다.

성령을 구하십시오. 말씀 속에 성령이 계십니다. 진리의 말씀, 구원의 복음을 듣고 또 약속하신 성령으로 인치심을 받아야 합니다. 말씀과 성령이 같이 가야 합니다. 말씀을 통하지 않고 영을 받으면 큰일 납니다.

말씀 안에서 순종해야 합니다. 그리고 성령을 받아 모든 열방의 증인이 되어야 합니다. 복 있는 자는 악인의 꾀를 따르지 아니하고, 죄인의 길에 서지 아니하고, 오만한 자에 자리에 앉지 아니하며, 오직 여호와의 율법을 주야로 묵상하며, 그 율법을 즐거워하는 자입니다.

기도하면서 성령 충만하여 은혜와 기적을 나타내는 삶을 사시기 바랍니다. 2천 년 동안 하나님의 나라는 이렇게 확장된 것입니다. 그 역사의 마지막을 우리가 이어가고 있습니다. 성령이 없으면 이 역사를 이어갈 수 없습니다. 이 말씀 가운데 성령이 충만하도록 자신을 성령께 내놓으십시오. 그럴 때 하나님께서 여러분의 삶 가운데 능력으로 나타나십니다.

에베소서 1장 15-23절

천국의 비밀 4
-교회-

이로 말미암아 주 예수 안에서 너희 믿음과 모든 성도를 향한 사랑을 나도 듣고 내가 기도할 때에 기억하며 너희로 말미암아 감사하기를 그치지 아니하고 우리 주 예수 그리스도의 하나님, 영광의 아버지께서 지혜와 계시의 영을 너희에게 주사 하나님을 알게 하시고 너희 마음의 눈을 밝히사 그의 부르심의 소망이 무엇이며 성도 안에서 그 기업의 영광의 풍성함이 무엇이며 그의 힘의 위력으로 역사하심을 따라 믿는 우리에게 베푸신 능력의 지극히 크심이 어떠한 것을 너희로 알게 하시기를 구하노라 그의 능력이 그리스도 안에서 역사하사 죽은 자들 가운데서 다시 살리시고 하늘에서 자기의 오른편에 앉히사 모든 통치와 권세와 능력과 주권과 이 세상뿐 아니라 오는 세상에 일컫는 모든 이름 위에 뛰어나게 하시고 또 만물을 그의 발 아래에 복종하게 하시고 그를 만물 위에 교회의 머리로 삼으셨느니라 교회는 그의 몸이니 만물 안에서 만물을 충만하게 하시는 이의 충만함이니라(엡 1:15-23).

본문의 주제는 '교회' 입니다. 우리는 교회를 오래 다녔고 교회가 사회에 아주 필요한 존재인 것을 알고 있습니다. 본문 말씀을 올바르게 깨달으면 우리가 알고 있는 교회가 다가 아님을 알게 될 것입니다. 교회의 존재가 얼마나 놀라운 것인지, 교회의 탁월함이 얼마나 높고 영광스러운지 알게 되면 우리의 삶 또한 달라질 것입니다.

말씀을 이해하기 위해서 먼저 에베소서가 쓰여진 동기를 알아야 합니다. 에베소서는 회람편지입니다. 회람 즉 교회에만 보낸 편지가 아니라 당시 초대교회 모든 사람이 돌려가며 읽도록 되어 있는 편지입니다.

교회가 하나님 편에서 어떤 존재인지 어떤 사명을 가지고 있는지 하나님이 뜻하신 바 얼마나 놀라운 역할을 하게 되는지를 알려주는 편지입니다. 당시 교회에는 유대인과 이방인이 같이 예배를 드렸습니다. 지금도 정통 유대교 예배에 가면 우리 같은 이방인은 환영받지 못합니다. 이방인과 같이 앉아 있는 것조차 범죄행위로 여겼던 유대인들이 오순절 날 성전에서 베드로가 복음을 전했을 때 십자가에서 돌아가신 예수를 믿고 회개했습니다. 그들이 십자가에 매달았던 그 예수를 말입니다.

그들은 세례를 받고 죄 사함을 받았고 성령을 받았습니다. 오순절이 끝나고 초대 교회를 세워 주일에 교회 나와 예배를 드리는 문화가 생겼습니다. 안식일을 범하고 주일에 교회에 나가 예배를 드렸습니다. 진정으로 예수를 믿어서 안식일을 지키지 않아도 자신들이 죄를 범하지 않는다고 믿었지만 토요일만 되면 마음이 어려워졌습니다.

바울조차도 안식일을 지키지 않는 교회의 존재에 의구심을 갖기 시작했습니다. 바울이 3년 동안 아라비아에 가서 받은 많은 계시 중 하나가 바로 이 교회에 대한 계시입니다. 당시 기독교는 유대교에서 나온 이단이 아니냐는 질문들이 있었습니다. 그러나 아라비아에서 바울은 기도 중에 어마어마한 천국의 비밀을 깨닫게 되고 이 계시의 내용을 초대교회에게 보냅니다.

감동과 흥분으로 글을 써내려가던 바울은 1장 15절부터 기도를 합니다. 하나님은 마음의 눈을 열어 이 사실을 알게 하십니다.

> "우리 주 예수 그리스도의 하나님, 영광의 아버지께서 지혜와 계시의 영을 너희에게 주사 하나님을 알게 하시고 너희 마음의 눈을 밝히사 그의 부르심의 소망이 무엇이며 성도 안에서 그 기업의 영광의 풍성함이 무엇이며"(1:17-18).

'기업의 영광'은 교회의 영광을 말합니다. 19절에 "그의 힘의 위력으로 역사하심을 따라"라고 했습니다. 그리고 오순절에 성령이 오십니다. '너희'는 개인이 아닌 '교회'를 이야기합니다. 예수의 말씀을 듣고 교회가 기도에 힘썼을 때 성령이 오셨습니다.

> "그의 힘의 위력으로 역사하심을 따라 믿는 우리에게 배푸신 능력의 지극히 크심이 어떠한 것을 너희로 알게 하시기를 구하노라" (1:19)

바울은 자신의 글재주로 하나님의 지혜와 소망, 영광과 능력을 다 표현하기 힘드니까 기도를 합니다. "모든 통치와 권세와 능력과 주권과 이 세상뿐 아니라 오는 세상에 일컫는 모든 이름 위에 뛰어나게 하시고"(1:21), 이것 또한 교회를 이야기합니다. 또 만물을 그의 발 아래에 복종하게 해서 교회의 머리로 삼으셨습니다

(1:22). 모든 세상을 일컫는 교회의 머리가 예수시니 교회 또한 동시에 그러한 존재라는 것입니다.

23절에 결론이 나오는데 "교회는 그의 몸이니"라고 했습니다. 머리와 몸은 하나입니다. 교회가 교회답고 지체가 건강하면 만물을 충만하게 하는 능력을 갖게 됩니다. 많은 기관들이 있고 다 필요하지만 교회는 이 모든 것을 뛰어넘습니다. 교회는 유대교에서 나온 이단이 아닙니다. 교회는 우리의 상상을 초월하는 어마어마한 존재입니다. 교회가 잘되면 만물이 충만하게 됩니다. 반대로 교회가 잘못되면 만물이 황폐하고 부패하게 됩니다.

여러분과 제가 속해 있는 곳이 바로 이런 '교회'입니다. 지금까지 어떤 신앙생활을 하셨습니까? 이 말씀을 통해 교회관이 완전히 바뀌어야 합니다. 이 놀랍고 영광스러운 창조물은 '사람'이 아닌 '교회'입니다.

만물 안에서 만물을 충만케 한다는 것은 교회 없는 세상은 쓸모가 없다는 의미입니다. 아무리 세상이 크고 위대해도 세상은 교회를 위한 무대장치에 불과합니다. 결혼식에서는 신부가 가장 중요합니다. 아무리 좋은 결혼식장과 좋은 장식들이 준비되고 좋은 신랑이 있어도 신부가 없으면 그 결혼식은 진행이 될 수 없는 것과 같습니다. 만물에 교회가 없으면 만물이 아닙니다. 오직 교회가 만물 안에서 만물을 충만케 하는 것입니다. 교회야말로 하나님의 뜻에 서고 하나님을 알게 하고 하나님의 계시를 전해 주는 곳입니다. 바울은 바로 '교회'에 대한 이 계시를 받은 것입니다.

에베소서의 가장 큰 비밀은 교회에 대한 비밀입니다. 교회의 기원은 1장 4절에 나옵니다.

> "곧 창세 전에 그리스도 안에서 우리를 택하사 우리로 사랑 안에서 그 앞에 거룩하고 흠이 없게 하시려고"

'우리'가 바로 교회입니다. 창세 전부터 예정하신 교회의 모습이 이런 것입니다. 여러분과 제가 이러한 교회의 지체라는 사실이 얼마나 놀라운지 모릅니다. 교회야말로 참으로 만물 안에서 만물을 충만케 하는 역할을 이어왔습니다. 그런데 그 역할을 대부분 개인적으로 해온 것 같습니다.

세상의 교회들은 참으로 연약하고 부패해서 빛과 소금의 역할을 제대로 감당하지 못했지만 교회는 아직도 인류의 빛이요 소금입니다. 교회는 역사의 수레바퀴가 되어 왔습니다. 만약 우리가 초대교회처럼 예수의 말씀에 순종해 다이내믹하고 건강하게 하나님이 의도하신 대로 살았다면 이 세상은 천국이 되었을 것입니다. 하지만 우리가 하나님 말씀에 순종하지 않고 그 의도하신 바를 몰랐기 때문에 천국을 이루지 못한 것입니다. 마지막 시대에 우리가 말씀에 순종하면 그런 교회가 될 수 있으리라 믿습니다.

사도행전의 초대교회처럼 주께 순종하는 교회가 되면 이 세상이 충만하게 될 것입니다. 사도행전 1장을 보면 예수께서 승천하시기 전에 제자들에게 "예루살렘을 떠나지 말고 내게서 들은 바 아버지께서 약속하신 것을 기다리라"(행 1:4)라고 말씀하셨습니다. 제자들도 자신을 위해 예수를 믿었는데 그 단계를 벗어나야 합니다. 예수의 말씀에 제자들이 순종했을 때 성령이 임하셨고 그 능력으로 모든 통치와 권세를 가진 교회가 되었습니다.

순종하려면 예수의 말씀을 알아야 합니다. 성경을 읽고 묵상해야 주님의 뜻을 알고 그 뜻에 순종하게 되기 때문입니다. 만물 안에서 만물을 충만케 하는 삶을 사는 것을 '선교적인 삶'이라고 합니다. 선교하는 것도 중요하지만 선교적인 마음을 가져야 선교 행위가 나오는 것입니다.

제자들은 예수께서 이 말씀을 하기 전까지는 비선교적인 삶을 살았기에 자신, 민족만 생각했지만 그 말씀을 들은 후에는 그 울타리를 벗어날 수 있었습니다. 그래서 사마리아와 땅 끝까지 나아가 선교하기 시작했습니다. 베드로가 이방인을 위한 선교를 두고 힘들어하자 주님께서는 보자기에 담긴 더러운 벌레 환상을 보여주시며 베드로를 순종하게 합니다. 선교적인 교회가 되지 않으면 교회는 흩어지게 됩니다. 안디옥교회는 '선교적인 교회'로 리더격인 바울과 바나바를 세상에 내보냈습니다.

데이빗 바쉬라는 명망 있는 선교학자가 전 세계 교회를 연구하던 중 선교적인 교회를 만들기 위해 《Missional Church》라는 책을 발간했습니다. 이 책이 많은 미국 교회들에 돌풍을 일으켰지만 전혀 새로운 내용은 아닙니다. 우리가 선교적 교회의 사명을 잊어버리고 비선교적인 교회로 살아왔을 뿐입니다. 하나님은 우리 교회에 은혜를 주사 이 일을 감당케 하셨고 하나님의 은혜를 다른 교회와 나누라고 말씀하십니다.

선교적인 삶을 사십시오. 주일에만 주님의 성령을 받고 감동을 받고, 다른 날에는 세상에서 걱정과 근심 속에 사는 것이 아니라 주일예배를 통해 권세와 능력을 받아 세상에 선교사로 나아가야 합니다. 각 가정과 학교, 직장에 흩어져 만물 안에서 만물을 충만케 하는 역할을 감당해야 합니다. 그러면 앙금 있는 찐빵이 되고 신부 있는 결혼식이 되는 것입니다.

하나님의 역사를 찬양하고 감사하고 세상으로 나아가는 우리의 매주의 예배가 선교사의 파송예배입니다. 이 마지막 시대에 초대 교회처럼 예수의 재림을 재촉하는 놀라운 영광에 참여하는 성도들이 되시기를 축원합니다.

에베소서 2장 1-10절

천국의 비밀 5

-구원-

그는 허물과 죄로 죽었던 너희를 살리셨도다 그때에 너희는 그 가운데서 행하여 이 세상 풍조를 따르고 공중의 권세 잡은 자를 따랐으니 곧 지금 불순종의 아들들 가운데서 역사하는 영이라 전에는 우리도 다 그 가운데서 우리 육체의 욕심을 따라 지내며 육체와 마음의 원하는 것을 하여 다른 이들과 같이 본질상 진노의 자녀이었더니 긍휼이 풍성하신 하나님이 우리를 사랑하신 그 큰 사랑을 인하여 허물로 죽은 우리를 그리스도와 함께 살리셨고 (너희는 은혜로 구원을 받은 것이라) 또 함께 일으키사 그리스도 예수 안에서 함께 하늘에 앉히시니 이는 그리스도 예수 안에서 우리에게 자비하심으로써 그 은혜의 지극히 풍성함을 오는 여러 세대에 나타내려 하심이라 너희는 그 은혜에 의하여 믿음으로 말미암아 구원을 받았으니 이것은 너희에게서 난 것이 아니요 하나님의 선물이라 행위에서 난 것이 아니니 이는 누구든지 자랑하지 못하게 함이라 우리는 그가 만드신 바라 그리스도 예수 안에서 선한 일을 위하여 지으심을 받은 자니 이 일은 하나님이 전에 예비하사 우리로 그 가운데서 행하게 하려 하심이니라(엡 2:1-10).

오늘 본문에도 굉장한 천국의 비밀이 숨겨져 있는데 첫번째 비밀이 1절에 나타나 있습니다. 예수께서 허물과 죄로 죽었던 우리를 살리셨다고 했습니다(2:1). 우리는 왜 죽어야 합니까? 간단하지만 대답을 할 수 없는 이 질문에 대해 성경은 '죄'와 '허물' 때문이라고 말씀합니다.

'죄는 헬라어로 하말티아(hamartia), 영어로는 신(sin)입니다. SIN의 가운데 글자가 I입니다. 곧 나 자신을 마음에 두는 것이 '죄' 입니다. 성경은 '죄' 와 '죄들' 을 구분해서 말하고 있는데 죄들은 허물입니다. 하나님이 우리를 지으셨으므로 우리의 중심은 하나님이어야 합니다. 하지만 우리는 하나님을 내몰고 자신을 그 가운데 앉혔습니다.

> "창세로부터 그의 보이지 아니하는 것들 곧 그의 영원하신 능력과 신성이 그가 만드신 만물에 분명히 보여 알려졌나니"(롬 1:20).

우리는 자신이 하나님의 피조물이라는 것을 무의식 속에서도 다 알고 있지만 마음에 하나님을 두기 싫어합니다. 하나님을 인정하면 하나님의 뜻을 따라야 하는데 그러기 싫어서 하나님을 거부합니다. 그 영원하신 능력과 신성이 만드신 만물 중에서도 가장 극상품인 우리는 스스로는 존재할 수 없습니다. 심령 깊숙한 곳에서 하나님이 우리를 만드셨다고 말하는데 우리가 그 말을 듣지 않고 인정을 안 하는 것뿐입니다. 그렇게 하나님을 알되 하나님으로 영화롭게도 아니하고 감사하지도 아니하는 것이 '죄' 입니다.

우리는 하나님과 사랑하기 위해서 창세 전에 택함을 받아 사랑 안에 있는 것입니다. 그것이 에베소서 1장 4절의 하나님의 뜻인데 이런 것들이 싫고 귀찮아 자기 맘대로 살려고 하니 마음이 어두워지고 어리석게 되어 결국 하나님을 버리고 썩어질 우상을 섬기는 것이고 이것이 '죄' 입니다. 우리는 이 죄 때문에 이미 죽었고 육체 또한 죽어가고 있습니다. 그렇게 하나님을 내몰고 허물, 정욕대로 살고 부끄러운 욕심에 자신을 내버려두고 음란하게 사는 것입니다. 남자가 여자를 보고 음욕을 품고 이것이 지나쳐 남자가 남자로 더불어 음욕을 품는 것입니다.

"남자들도 순리대로 여자 쓰기를 버리고 서로 향하여 음욕이 불일듯 하매 남자가 남자와 더불어 부끄러운 일을 행하여"(롬 1:27).

"그들이 마음에 하나님 두기를 싫어하매 하나님께서 그들을 그 상실한 마음대로 내버려 두사 합당하지 못한 일을 하게 하셨으니 곧 모든 불의, 추악, 탐욕, 악의가 가득한 자요 시기, 살인, 분쟁, 사기, 악독이 가득한 자요 수군수군하는 자요 비방하는 자요 하나님께서 미워하시는 자요 능욕하는 자요 교만한 자요 자랑하는 자요 악을 도모하는 자요 부모를 거역하는 자요 우매한 자요 배약하는 자요 무정한 자요 무자비한 자라"(롬 1:28-31).

이러한 허물들이 열매로 나타나서 우리는 죽어가는 것입니다. 이런 우리가 예수를 영접하면 다시 살 수 있게 됩니다. 우리는 예수 때문에 살아난 것입니다. 우리 가운데 다시 살았지만 죄를 계속 지으면서 사는 사람들에게는 똑같은 죄와 허물의 힘이 작용합니다. 그런 사람의 삶은 힘이 없고 신앙이 다이내믹하지 않고 시계추처럼 교회만 왔다갔다하는 삶이 됩니다.

그런 사람은 예수를 믿지만 여전히 그 마음 가운데 I, '자신' 이 있어 주권을 포기하지 않고 있습니다. 예수를 믿는다는 것은 예수께서 우리의 주권자가 되는 것입니다. 그런데 여전히 자신이 주권자가 되어 사는 사람은 '살았으나 죽은' 사람입니다. 그래서 죄를 짓는 사람은 영혼이 죽어 지옥에 가는 것은 당연한 것이고 죄 가운데서 이미 순수함이 사라져 죽어가는 사람이 됩니다.

빌리라는 청년은 모태신앙으로 어렸을 때부터 교회에 잘 다녔고 부모의 신앙의 영향을 받아 신앙생활을 잘 하다가 대학에 들어갔습니다. 크리스마스가 되자 그동안 살아왔던 틀에서 벗어나고 싶다는 생각을 하게 되었습니다. 친구 따라 클럽에 가서 술을 마셨습니다. 한 잔 두 잔 마시다 보니 여자들이 정욕의 대상으로 보여 동정을 잃게 됩니다. 동정을 잃은 빌리는 무서워졌습니다. 죄를 지으면 죽는다는 것을 알았기 때문입니다. 그때 이상한 마음이 빌리를 지배하기 시작했습니다. 깨끗한 거울에 누가 아주 더러운 기름을 묻혀 지워지지도 않고 시궁창 냄새가 나는 느낌이 들었습니다. 숨쉬면 불쾌한 냄새가 나는 듯했습니다. 순수함을 잃으면 이렇게 되는 것입니다. 어렸을 때 가졌던 그 순수한 믿음, 소망, 사랑에 시커먼 도장이 찍히고 샬롬과 행복이 과거의 것이 되어 버렸습니다. 날카로운 면도날이 그것들을 다 잘라버린 것 같았습니다. 이것이 죽는 것입니다.

이렇게 순수함을 잃으면서 자신이 죽는 것입니다. 처음 죄를 지을 때는 두렵고 떨리고 자책하지만 두 번째 유혹이 오게 되고 두 번째 죄를 지을 때는 두려움보다는 이래서는 안 된다는 마음이 생기고 순간적인 쾌락이 생깁니다. 그러면 안 되는 것을 알면서도 계속 죄를 짓게 됩니다. 이것이 죽어가는 것입니다. 세 번째로 죄를 지으면 익숙해지고 지겨워지지만 두렵지 않습니다. 습관이 된 것입니다. 죄를 계속 짓다 보면 순수함도 기쁨도 소망도 믿음도 사라지고 성격 또한 변하게 됩니다. 그리고 마침내 운명이 바뀝니다. 산 자에서 죽은 자가 되는 것입니다. 죄는 이렇게 무섭습니다. 지옥은 미래에 가게 되지만 지금 죄를 짓는 순간에도 우리는 죽습니다.

이것이 그리스도 없는 생활(Christless life)입니다. 즉 '그리스도 없는 생활'의 첫번째 특징은 이 세상 풍조, 유행을 따르는 것입니다(2:3). 마치 새로운 유행을 따라 옷을 사는 것과 같습니다.

또 다른 예는, 옆집 아이가 수영, 태권도, 발레 학원을 다니면 불안해져서 자신의 아이도 여러 학원에 다니게 하는 것과 같습니다. 이 세상 풍조의 기본 사상은 포스트모더니즘입니다. 쉽게 말하면 중세 때 교회가 부패해 하나님을 믿고 사는 것이 시시해 보여서 하나님 아닌 것에서 대안을 찾았는데 그 대안이 '인간'이었습니다. 계몽주의가 일어나고 산업혁명이 일어나면서 인간의 이성과 과학으로 자신들을 구할 수 있다는 것이 모더니즘입니다.

이것이 구원인 줄 알았는데 나중에 보니 인간은 더욱더 비참해졌습니다. 서로가 서로를 죽이는 공산주의가 나타났습니다. 그들은 인간을 물질로 취급하기에 사람을 아무 것도 아닌 것으로 취급합니다. 수백 만 수천만의 사람들이 죽어간 것이 히틀러의 이성주의, 과학만능주의에서 나온 것입니다. 그 결과는 테러와 죽음이었습니다. 자신이 주인이 되어 마음대로 사는 것이 구원이라고 생각한 것이 포스트모더니즘의 중심 사상입니다. 디모데후서 3장에 보면 이 마지막 때에 포스트모더니즘이 세상을 지배할 것이라고 예언되어 있습니다.

> "너는 이것을 알라 말세에 고통하는 때가 이르러 사람들이 자기를 사랑하며 돈을 사랑하며 자랑하며 교만하며 비방하며 부모를 거역하며 감사하지 아니하며 거룩하지 아니하며 무정하며 원통함을 풀지 아니하며 모함하며 절제하지 못하며 사나우며 선한 것을 좋아하지 아니하며" (딤후 3:1-3).

첫째로 "사람들이 자기를 사랑하며"라고 했는데 바로 포스트모더니즘입니다. 하나님도 과학도 아닌 "자신을 사랑하며 돈을 사랑하며 자랑하며…… 부모를 거역하며…… 절제하지 못하며 사나우며 선한 것을 좋아하지 아니하며……", 이것이 다 포스트모더니즘의 영향입니다.

교회의 가장 큰 문제는 컨슈머리즘(소비주의)입니다. 소비주의자들은 교회가 자신의 감성을 만족시켜 주고 재미와 기쁨을 주지 않으면 나오지 않겠다고 말합니다. 또한 "배신하며 조급하며 자만하며 쾌락을 사랑하기를 하나님 사랑하는 것보다 더 한 시대"가 온다고 말했습니다(딤후 3:4).

포스트모더니즘은 세상의 풍조를 따라 사는 것입니다. 복 있는 자는 악인의 길을 따르지 아니하고 죄인의 길에 서지 아니하고 오만한 자에 자리에 앉지 아니하며 오직 여호와의 율법을 주야로 묵상하며 그 율법을 즐거워하는 자입니다. 그는 시냇가에 심은 나무가 시절을 좇아 과실을 맺으며 그 잎사귀가 마르지 아니함 같으니 그 행사가 다 형통하는데 악인은 그렇지 아니하며 바람에 나는 겨와 같아서 즉 세상 바람, 풍조에 영과 육을 맡겨버리는 것입니다. 이것이 그리스도 없는 생활(Christless life)입니다.

둘째로 공중의 권세 잡은 자를 따를 것이라고 말하는데 사실은 그 뒤에 사탄 마귀가 있습니다. 성경이 이것을 우리에게 알려주고 있습니다. 그리스도 없는 생활은 하나님의 '성도'가 아닌 사탄의 '악도'의 삶입니다. 죄와 허물 가운데 사는 사람은 교회에는 오지만 사탄을 주인으로 삼고 삽니다. 죄 가운데 사는 사람은 하나님의 성도가 아닌 사탄의 악도입니다.

셋째로 불순종의 아들들로 삽니다. 교회는 잘 다니지만 중심에 주님이 계시지 않는 것이 불순종입니다. 그래서 양심을 거스르며 살게 됩니다. 좋은 가르침을 버리고 남을 원망하고 비판합니다. 남이 원망할 때 원망하지 않고 순종하며 사는 것이 세상에서 빛과 소금의 삶입니다. 예수 믿는 자들이 죄 가운데 들어가면 성령께서 근심하고 시름합니다. 성령께서 이런 때 얼마나 아파하시는지 알아야 합니다. 그리스도가 중심에 없는 사람은 불순종의 삶을 살게 됩니다.

넷째로 욕망이 시키는 대로 사는 욕망의 종이 됩니다. 오스카 와일드라는 영국 귀족은 부유했고 돈과 명예를 다 얻은 사람이었지만 동성애를 하다가 잡혀서 감옥에 가게 되었습니다. 이 사람이 비로소 자신의 죄를 깨닫고 《구렁텅이에서》라는 책을 냈는데 그 책에서 가져온 내용입니다.

"이 세상의 신들은 나에게 내가 원했던 모든 것을 다 주었다. 나는 스스로 감각 없는 자가 되어 육체와 마음이 원하는 대로 살았다. 그런데 그렇게 사는 것도 지겨워 나를 흥분시키는 새로운 것을 추구하기 시작했다. 그래서 이상한 생각을 하게 되었고 이상한 생각이 열정이 되어 다른 사람이 무슨 말을 해도 서슴지 않고 그런 짓을 했다. 내가 바보스러웠던 것은 매일 작은 생각과 행동 하나가 현재의 나를 이 구렁텅이에 몰아넣고 나의 운명을 결정할 것이란 생각을 못한 것이었다. 그것이 나의 성격을 형성하고 나의 운명을 바꿔놓는 것을 몰랐던 것이다. 나는 '내 마음' 이라는 남들이 알지 못하는 곳에서 시작했지만, 죄를 지어도 결국 내 마음에서의 방에서가 아닌 내 지붕에서 소리 지르는 것이 된 것이다. 그 작은 것들이 쌓여서 이렇게 된 것이다. 나는 더 이상 내 삶을 주장하는 처지가 못 되었고 욕망이라는 괴물이 나를 지배하고 있는 것을 보게 되었다.

죄라는 것이 이렇게 무서운 것입니다. 전에는 우리도 다 그 죄 가운데서 육체의 욕심을 따라 지냈는데 아무것도 아닌 것 같아도 이것들이 매일매일 계속될 때 우리를 구렁텅이로 몰아넣어 죽게 만드는 것입니다.

윌리엄 버클리라는 성경학자는 "욕망은 아주 악한 주인이고 이 욕망이라는 주인의 자비의 손끝에 있다는 것은 노예가 되는 것이다"라고 했습니다.

아마 스스로 나는 그런 성적인 죄는 짓지 않았다고 부정하시는 분들이 있을텐데 다른 사람을 지배하고 싶다는 생각은 해보셨을 것입니다. 아내를 지배하고 아이들을 지배하고 직장에서 지배하고 싶은 마음 또한 죄이고 질투와 시기도 죄입니다. 이것들도 여러분을 죽이는 죄와 허물입니다. 우리는 다 부패한 마음을 가지고 있습니다. 다른 사람을 판단하고 정죄하고 상대하기 싫어하는 것이 욕망이고 이 욕망이 우리를 죄의 구렁텅이로 몰아넣는 것입니다.

"너희는 그 은혜에 의하여 믿음으로 말미암아 구원을 받았으니 이것은 너희에게서 난 것이 아니요 하나님의 선물이라"(2:8).

은혜를 통해 구원을 받는 것입니다. 왜 은혜만이 우리를 구원할 수 있습니까?

첫째로 하나님은 완전하시기 때문에 우리의 불완전함을 용납하실 수 없습니다. 불완전한 우리의 의로는 구원을 받을 수 없습니다. 영적이라고 할 때 조심해야 할 것이 있는데, 그것이 우리의 의가 됐을 때 남을 판단하고 정죄하면 죄가 됩니다. 그래서 바리새인들이 예수께 꾸중을 들은 것입니다.

둘째로 죄는 법을 어기는 것이 아니고 하나님의 마음을 상하게 하는 것입니다. 돌아온 탕자는 아버지의 돈을 다 쓰고 아버지를 버린 것이 아버지의 마음을 상하게 했습니다. 예를 들어 어떤 술 취한 사람이 아이를 쳐서 죽여 세상 법에 따라 감옥에 들어가 형을 살고 나왔는데 이것으로 해결이 될 수는 없습니다. 죽은 아이의 어머니의 상한 마음은 어떻게 보상할 수가 없기 때문입니다.

하나님은 우리와 사랑하기 위해 우리를 만드셨는데 우리는 그 하나님을 거부했습니다. 그때 하나님의 마음이 얼마나 상하셨는지 아십니까?

그 죽은 아이의 어머니가 그 사람을 용서해야만 해결이 됩니다. 그런 은혜 없이는 죄인이 구원받을 수 없듯이, 하나님이 은혜를 베풀지 않으면 우리 또한 구원받을 수 없습니다.

돌아온 탕자는 아버지의 재산을 가지고 나가 흥청망청 쓰고 돈을 다 탕진했을 때 아버지가 자신을 용서하지 않을 것이라 믿고 있었습니다. 하지만 아버지가 자신을 용서하지 않아도 괜찮다고 마음먹고 아버지께로 돌아갔는데 아버지는 아들을 용서했습니다. 이것이 은혜입니다. 아버지가 용서했다는 믿음이 있어야 구원을 받는 것입니다. 오직 예수만이 여러분을 용서해주실 수 있는 분임을 믿으면 됩니다. 십자가에 돌아가신 예수께서 "저들이 하는 짓을 저들이 모릅니다"라고 하시며 용서를 구하고 죽으신 것이 은혜입니다. 은혜 외에는 없습니다.

어떤 아이가 새총을 가지고 놀다가 할머니가 좋아하시는 오리를 쐈는데 오리가 죽었습니다. 그것을 그 아이의 누나가 보고 그 아이를 놀리며 자신의 말을 들으면 할머니께 이르지 않겠다고 제안했고 그 아이는 그것을 받아들였습니다. 그때부터 누나는 온갖 잡일을 그 아이에게 시키며 매일매일 부려먹기 시작했고 그 아이는 결국 그것을 견디지 못해 할머니께 사실을 말했습니다. 할머니는 사실 그 장면을 창문에서 지켜보았었기에 "너는 나에게 그 오리보다 더 중요한 존재야" 하면서 그 아이를 용서해 주었습니다.

하나님도 이렇게 우리를 용서하셨습니다. 우리가 하나님의 마음을 상하게 했지만 하나님은 우리를 용서해 주셨습니다. 우리는 이것을 믿어야 합니다. 그래서 'amazing grace' 라고 하고 다시 죄 짓지 않으려 하는 것입니다. 이것이 사는 길입니다. 산 사람의 특징은 삶이 변화되는 것입니다.

어떤 흑인 할아버지가 평생을 미시시피 강을 오가는 배의 기관장으로 일했습니다. 그 배는 기관실이 항상 더러웠는데 어느 날 기관실이 깨끗이 닦여 있었습니다. 다른 사람들이 그 이유를 물으니 그는 "나는 하나님의 영광을 보았습니다. 죄로 말미암아 죽은 우리를 그리스도께서 살리셨어요"라고 말했습니다. 그래서 그 기관실을 깨끗이 닦았던 것입니다.

또 다른 할머니는 이 말을 깨닫기 전에는, 자신이 곧 죽을 것이기 때문에 지하실을 치우지 않고 살았는데 이 말씀을 듣고 자신의 지하실을 깨끗이 치웠다고 합니다. 목사님이 그 이유를 물어보니 누구든지 그리스도 안에서 새로운 피조물인데 산 사람이 우중충한 곳에 있을 수 없어 정리했다고 했습니다.

그리스도 예수 안에서 허물로 죽은 우리를 살리시고 함께 일으키시고 하늘에 앉히신 이는 그리스도 안에서 자비와 그 은혜의 지극히 풍성함을 오는 여러 세대에 나타내려 하십니다.

에베소서 2장 11-22절

천국의 비밀 6

- 선한 일을 위해 세워진 교회-

그러므로 생각하라 너희는 그 때에 육체로는 이방인이요 손으로 육체에 행한 할례를 받은 무리라 칭하는 자들로부터 할례를 받지 않은 무리라 칭함을 받는 자들이라 그때에 너희는 그리스도 밖에 있었고 이스라엘 나라 밖의 사람이라 약속의 언약들에 대하여는 외인이요 세상에서 소망이 없고 하나님도 없는 자이더니 이제는 전에 멀리 있던 너희가 그리스도 예수 안에서 그리스도의 피로 가까워졌느니라 그는 우리의 화평이신지라 둘로 하나를 만드사 원수 된 것 곧 중간에 막힌 담을 자기 육체로 허시고 법조문으로 된 계명의 율법을 폐하셨으니 이는 이 둘로 자기 안에서 한 새 사람을 지어 화평하게 하시고 또 십자가로 이 둘을 한 몸으로 하나님과 화목하게 하려 하심이라 원수 된 것을 십자가로 소멸하시고 또 오셔서 먼 데 있는 너희에게 평안을 전하시고 가까운 데 있는 자들에게 평안을 전하셨으니 이는 그로 말미암아 우리 둘이 한 성령 안에서 아버지께 나아감을 얻게 하려 하심이라 그러므로 이제부터 너희는 외인도 아니요 나그네도 아니요 오직 성도들과 동일한 시민이요 하나님의 권속이라 너희는 사도들과 선지자들의 터 위에 세우심을 입은 자라 그리스도 예수께서 친히 모퉁잇돌이 되셨느니라 그의 안에서 건물마다 서로 연결하여 주 안에서 성전이 되어 가고 너희도 성령 안에서 하나님이 거하실 처소가 되기 위하여 그리스도 예수 안에서 함께 지어져 가느니라(엡 2:11-22).

에베소서 2장도 계속해서 천국의 비밀에 대해 이야기하고 있습니다. "우리는 그가 만드신 바라 그리스도 예수 안에서 선한 일을 위하여 지으심을 받은 자니"(2:10)라고 했는데 이것은 에베소서를 시작하면서 강조해서 말씀드렸습니다.

세상에 69억의 사람이 사는데 나보다 더 나의 생각을 중히 여기시고 사랑하고 아끼시고 나를 더 잘 아시는 분이 하나님입니다. 하나님은 죄와 허물로 죽은 우리에게 독생자 예수를 보내 주셨습니다. 자신의 생명을 티끌보다 못한 저희를 위해 아끼지 않으시고 죽게 하셨다는 것입니다. 이것은 바로 하나님이시기 때문에 가능합니다. 우리는 하나님을 이성으로 이해하려 하지만 우리는 미물에 불과합니다. 그러나 하나님은 자신의 독생자를 죽이시면서까지 우리를 사랑하셨습니다. 이것이 창세기부터 요한계시록의 이야기입니다.

그 성경을 한마디로 표현한 것이 요한복음 3장 16절입니다. 우리는 이 말씀의 중함을 깨닫지 못합니다. 그리스도를 죽임으로 허물과 죄로 죽은 우리를 다시 살리셨고 우리를 하늘에 앉히시고 왕좌에 앉히셨습니다. 그런데 왜 기가 죽어 살고 아무도 자신을 사랑하지 않는 것처럼 사십니까? 우리는 하나님께 매우 소중한 존재입니다.

왜 하나님께서 우리를 그렇게 사랑하시고 죄에서 구하시고 아끼시는 것일까요? 바로 선한 일이 있기 때문입니다. 하나님은 선한 일을 위해 우리를 만드시고 구속하시고 속량하시고 예배하게 하셨는데 그 천국의 비밀 가운데 하나가 '선한 일' 입니다.

"그러므로 생각하라 너희는 그때에 육체로는 이방인이요 손으로 육체에 행한 할례를 받은 무리라 칭하는 자들로부터 할례를 받지 않은 무리라 칭함을 받는 자들이라"(2:11).

이 이방인 안에 우리가 속합니다.

"그때에 너희는 그리스도 밖에 있었고 이스라엘 나라 밖의 사람이라 약속의 언약들에 대하여는 외인이요"(2:12).

이스라엘 밖의 사람이라는 것은 구원의 약속이 없었던 자들을 의미합니다. 유대인이었던 바울은 이방인을 이렇게 표현했습니다.

지금도 극단적인 유대인들은 이방인에 대해 첫째로 지옥의 땔감 정도로 생각합니다. 둘째로 하나님은 유대인만 사랑하신다고 생각하고, 셋째로 이방인들은 뱀이라고 생각합니다. 이 뱀이란 사상은 출애굽기 10개의 재앙에서 모세가 지팡이를 던지니 뱀이 된 것을 뜻합니다. 바로의 술사들이 지팡이로 만든 뱀을 모세의 뱀이 잡아 먹었던 것처럼 이방인들이 이스라엘인들에게 굴복한다는 의미를 가지고 있습니다. 유대인들은 창세기 3장에 나오는 사악한 뱀의 자손들이 이방인이라고 생각하고 있습니다.

예전에 이스라엘에서 불쾌한 경험을 한 적이 있는데 검은 모자를 쓰고 검은 옷을 입은 정통 유대인들이 제가 못 알아들을 줄 알았는지 우리 일행을 보며 히브리 말로 '이방인들' 이라고 말하는데 얼마나 큰 상처가 되었는지 모릅니다. '유대인들이 믿는 하나님을 믿어야 하는가' 라는 생각까지 했습니다. 유대인들은 이방인들이 출산할 때 도와주면 범죄 행위라고 생각합니다. 한 명의 이방인이 더 생기게 하는 것을 죄라고 생각하기 때문입니다. 하나님을 모르는 바알이나 앗수르를 섬기는 이방인이 태어나는 것을 죄라고 생각하는 이것은 무서운 이야기입니다.

본문에서는 이것을 법조문, 또는 율법이라고 이야기합니다. 자신들이 하나님을 가장 잘 믿기 때문에 하나님을 믿지 않는 자를 지옥의 땔감으로 여기는 영적인 교만으로 꽉 찬 사람들이 유대인이었습니다. 그들은 유대인과 이방인의 장벽은 절대적이라서 누구라도 부술 수 없다고 말합니다.

> "둘로 하나를 만드사 원수 된 것 곧 중간에 막힌 담을 자기 육체로 허시고"(2:14).

'담' 은 건물의 담을 뜻하는데 헤롯의 성전을 말합니다. 첫번째 담까지는 이방인이 들어설 수 있고, 두 번째 담은 유대 여자인들까지 들어갈 수 있고, 세 번째 담은 유대 남자들까지, 네 번째 담은 제사장들만 들어갈 수 있고 성소와 지성소에도 담이 있습니다. 최근에 발견된 돌에는 어느 이방인이 담을 넘으면 사형에 처한다는 내용이 씌어 있었습니다.

그런 유대인 중의 유대인이었던 바울이 예수를 믿고 이런 고백을 합니다. 바울 안의 패러다임이 모두 바뀌고 멀리 있던 이방인이 그리스도 예수 안에서 그리스도의 피로 가까워졌다고 말합니다. 예수는 이방인과 유대인의 화평으로 오셨습니다.

"법조문으로 된 계명의 율법을 폐하셨으니 이는 이 둘로 자기 안에서 한 새 사람을 지어 화평하게 하시고 또 십자가로 이 둘을 한 몸으로 하나님과 화목하게 하려 하심이라 원수 된 것을 십자가로 소멸하시고 또 오셔서 먼 데 있는 너희에게 평안을 전하시고 가까운 데 있는 자들에게 평안을 전하셨으니 이는 그로 말미암아 우리 둘이 한 성령 안에서 아버지께 나아감을 얻게 하려 하심이라 그러므로 이제부터 너희는 외인도 아니요 나그네도 아니요 오직 성도들과 동일한 시민이요 하나님의 권속이라"(2:15-19).

바울은 무엇을 보았기에 이런 엄청난 선언을 할 수 있었을까요? 바로 부활하신 예수를 보았기 때문입니다. 예수의 십자가로 말미암아 이방인과 유대인이 하나가 된 것입니다. 하늘에 있는 것과 땅에 있는 것이 그리스도 안에서 통일되게 만드는 것이 하나님의 일입니다.

그러나 마귀가 창세기 3장에서 선악과를 먹도록 유혹해 이것을 분리시킨 것입니다. 그 선악과를 먹는 순간 분리의 영으로 인해 하나님과 우리가 분리되고 사람과도 분리된 것입니다. 이것을 먹은 아담과 하와는 부끄러워 하나님을 피했습니다. 하나님께서 아담에게 선악과를 먹은 이유를 묻자 아담은 하와가 유혹했다며 떠넘겨 모든 관계를 다 분리시켜 버렸습니다. 이 분리의 영이 어머니의 뱃속부터 우리를 사로잡고 있기에 우리는 분리하는 데 아주 익숙해져 있습니다.

이민 초기에 우리 한인 교회에 분리의 영이 임했습니다. 예수가 없으면 교회라도 세상과 다를 바가 없습니다. 그래서 그들은 세상에서 하던 일들을 교회 안에서도 했습니다. 교회가 깨진 이유의 대부분은 유학생과 이민 온 사람들의 다툼 때문이었습니다. 대개 유학생들은 부유하고 직업도 좋았으나 이민 온 사람들은 유학생에 비해 상대적으로 가방끈이 짧고 생활이 힘들었기 때문에 서로 멀리하고 비난하다보니 교회 안에서 이방인과 유대인이 싸웠듯 싸우게 된 것입니다.

요즘에는 교회에서 경제적인 이유로 싸웁니다. 창립 멤버와 새 멤버들이 싸우고 그밖의 다른 이유들로 싸웁니다. 그러나 여전히 이것들은 분리의 영에 의한 것입니다. 이것이 요즘 많은 교회들의 현실입니다.

하나님은 '선한 일'을 위해 우리를 예비하셨는데 그 선한 일이 무엇입니까? 바울이 예수를 만난 후에 선한 일을 하게 되었는데 바로 그리스도의 피로 인해 이방인과 유대인이 가까워지고 하나가 되고 그 둘이 아버지께 함께 나아가는 것입니다.

> "너희는 사도들과 선지자들의 터 위에 세우심을 입은 자라 그리스도 예수께서 친히 모퉁잇돌이 되셨느니라"(2:20).

여기서 성전의 '모퉁잇돌'이 예수고, '선지자'는 유대인을 뜻합니다. 그 유대인들이 예수를 받아들일 때 신앙의 기초를 이루고, 사도들, 즉 이방인들이 예수 그리스도의 모퉁잇돌에 연결되어 하나님께서 예비하신 성전 안에서 함께 지어져 가는 것이 교회의 비밀입니다.

그러나 우리는 교회에서 싸우고 서로 분리합니다. 이것은 그리스도를 모르는 사람들이 하는 일입니다. 다른 사람을 판단하고 정죄하는 것은 그리스도 없는 삶(Christless life)을 사는 것입니다. 화평케 하는 자는 복이 있나니 그들이 하나님의 아들이라 일컬음을 받을 것이라고 했습니다(마 5:9).

하나님의 아들의 선한 일은 무엇입니까? 영성이 깊어지는 것들도 필요하지만 가장 중요한 것은 바로 바울이 이야기한 대로, 멀리했던 나와 다른 이가 '함께 교회를 세우는 일' 이 가장 '선한 일' 입니다. 이것이 바로 하나님께서 우리를 구원하신 이유입니다. 예수를 믿는다는 것은 다시 하나님께로 돌아간다는 뜻으로 분리의 영이 없어지고 다시 화합하는 것입니다. 그리고 그것을 이루는 곳이 교회입니다.

교회의 사명은 막힌 담을 허무는 것입니다. 자신이 좋아하고 아는 사람과만 친교하지 않고 새신자나 모르는 사람에게도 다가가야 합니다. 모퉁잇돌이 되신 그리스도 예수는 우리를 연합하게 하시고 영원히 살아가게 하시려고 우리를 지으신 것입니다. 교회 안에서 서로를 이해하고 자신을 낮춰서 서로 감싸안는 것이 하나님께서 우리에게 주신 사명입니다. 우리의 한 마디 친절한 말과 행동이 다른 이의 마음에 씨가 되어 사랑의 잎사귀가 돋고 교회가 이 어두운 세상에서 빛과 소금이 되는 것입니다. 이것이 선교적 삶입니다.

우리에겐 아직도 분리의 영이 있습니다. 흑인들을 보며 '깜둥

이' 라고 하는 사람도 있는데 흑인들이 이루어왔던 자유를 위한 운동을 기억하셔야 합니다. 마틴 루터 킹 주니어 또한 인권을 위해 열심히 싸웠습니다. 마틴 루터 킹은 "모든 비극 중에서 가장 큰 비극은 한 번도 진정으로 산 적이 없는 삶을 사는 것"이라고 말했습니다. 예수 믿는다고 하면서 다른 이와 함께하지 않는다는 것은 유대인이 이방인을 무시했던 것과 다를 바 없습니다.

예수께서 왜 죽으셨습니까? 우리를 죄와 사망에서 구원하시기 위해서였는데 우리만 천국 가서 잘 사는 것이 아닙니다. 하나님의 잃어버린 사랑의 공동체를 위해서도 죽으신 것입니다. 천국은 사랑의 공동체입니다. 희생할 줄 알아야 하고 섬길 줄 알아야 하고 겸손해야 하고 자신을 낮춰야 합니다.

> "그는 근본 하나님의 본체시나 하나님과 동등됨을 취할 것으로 여기지 아니하시고 오히려 자기를 비워 종의 형체를 가지사 사람들과 같이 되셨고 사람의 모양으로 나타나사 자기를 낮추시고 죽기까지 복종하셨으니 곧 십자가에 죽으심이라"(빌 2:6-8).

이것이 우리가 가야 할 길입니다. 얼마나 기쁘고 영광스러운 일인지 모릅니다. 이것처럼 우리를 행복하게 해주는 것이 없습니다. 우리 교회도 이런 교회가 되고 우리는 교회의 영광을 선포하는 삶을 삽시다.

에베소서 3장 1-13절 천국의 비밀 7

이러므로 그리스도 예수의 일로 너희 이방인을 위하여 갇힌 자 된 나 바울이 말하거니와 너희를 위하여 내게 주신 하나님의 그 은혜의 경륜을 너희가 들었을 터이라 곧 계시로 내게 비밀을 알게 하신 것은 내가 먼저 간단히 기록함과 같으니 그것을 읽으면 내가 그리스도의 비밀을 깨달은 것을 너희가 알 수 있으리라 이제 그의 거룩한 사도들과 선지자들에게 성령으로 나타내신 것같이 다른 세대에서는 사람의 아들들에게 알리지 아니하셨으니 이는 이방인들이 복음으로 말미암아 그리스도 예수 안에서 함께 상속자가 되고 함께 지체가 되고 함께 약속에 참여하는 자가 됨이라 이 복음을 위하여 그의 능력이 역사하시는 대로 내게 주신 하나님의 은혜의 선물을 따라 내가 일꾼이 되었노라 모든 성도 중에 지극히 작은 자보다 더 작은 나에게 이 은혜를 주신 것은 측량할 수 없는 그리스도의 풍성함을 이방인에게 전하게 하시고 영원부터 만물을 창조하신 하나님 속에 감추어졌던 비밀의 경륜이 어떠한 것을 드러내게 하려 하심이라 이는 이제 교회로 말미암아 하늘에 있는 통치자들과 권세들에게 하나님의 각종 지혜를 알게 하려 하심이니 곧 영원부터 우리 주 그리스도 예수 안에서 예정하신 뜻대로 하신 것이라 우리가 그 안에서 그를 믿음으로 말미암아 담대함과 확신을 가지고 하나님께 나아감을 얻느니라 그러므로 너희에게 구하노니 너희를 위한 나의 여러 환난에 대하여 낙심하지 말라 이는 너희의 영광이니라(엡 3:1-13).

지난번 에베소서 묵상은 하나님께서 유대인과 이방인을 그리스도 십자가로 하나 되게 하신 내용이었습니다. 이방인을 지옥의 땔감으로 생각하는 유대인 중 하나였던 바울은 자신의 생각이 잘못되었던 것을 깨닫게 됩니다. 이방인과 유대인은 한 성령 안에서 아버지께로 나아가서 하나님의 거하실 처소가 되기 위해 지어졌습니다. 에베소서 3장 말씀을 보면 그리스도의 일, 모든 민족을 통일하시기 위해 바울을 택하셨습니다.

여기서 바울이 그리스도 예수의 일로 갇혔다고 했는데 헬라어 원문에는 '그리스도 예수의 죄수 된 바울' 이라고 나옵니다. 사실 세상 사람들의 눈으로 보면 바울은 황제의 죄수입니다. 그리스도께서 진짜 왕이고 모든 사람들이 그리스도를 주로 맞아야 한다고 말하고 다니므로 황제가 바울을 가둔 것입니다. 인간적으로 보면 바울은 비참한 처지에 놓여 있었습니다. 그러나 바울은 '그리스도의 죄수' 가 됐다고 말했습니다. 자신의 일에 대해 확신과 믿음, 담대담, 자긍심을 가지고 한 말입니다.

1966년에 큰 화재로 영국의 교회들이 불에 탔을 때 영국 국왕은 크리스토퍼라는 천재적이고 신앙심이 좋은 건축가를 발탁해 51 처소의 교회를 짓게 했습니다. 그 건물 중 하나가 세인트폴 대성당입니다. 그 당시 크리스토퍼가 공사 현장에 나가 한 석공에게 왜 이 일을 하느냐 물었습니다. 그 석공은 "이 일이 제 일이기 때문입니다"라고 답했고 다른 석공은 "먹고 살기 위해 합니다"라고 답했고, 또 다른 석공은 "제가 존경하는 크리스토퍼님을 위해서, 그리고 하나님께서 이 교회에서 영광 받으실 것을 생각하며 짓습니다"라고 말했습니다. 같은 일을 하는데 세 사람이 서로 다른 답변을 했습니다.

한국의 어린 아이들에게 장래 희망을 물어보면 대통령이 되고 싶다고 하고 미국 아이들에게 물으면 소방관이나 경찰관이 되고 싶다고 말합니다. 로널드 레이건이 대통령 후보가 됐을 때 전직 대통령인 제럴드 포드를 부통령으로 세우려 한다는 말에 저는 깜짝 놀랐습니다. 한국에선 직분을 중요시 여기기 때문에 대통령이었던 사람이 부통령이 되려 하는 것이 이해가 안 갔습니다. 그러나 그들은 지위를 중요하게 생각하는 것이 아니고 어떤 소명을 가지고 어떤 일을 하느냐를 중요하게 생각합니다. 세탁소에서 주름을 잡든 대통령으로서 세상에서 주름을 잡든 같은 주름을 잡는 것입니다. 대통령이라 중요하고 위대하고, 세탁소 주인이라 비천한 것이 아닙니다. 똑같이 하나님 앞에 부름받은 사람입니다.

하나님은 우리가 작은 일에 충성하길 원하십니다. 중요한 것은 우리들의 마음입니다. 바울은 자신의 신세를 한탄하지 않았습니다. 바울은 하나님께서 맡겨주신 일에 충성하다 예수의 죄수가 된 것이지 황제의 죄수가 된 것이 아니라고 생각했습니다. 우리는 바울처럼 기독교인답게 살아야 합니다. 이 말씀보다 더 중요한 말씀이 3장 6-9절에 있습니다.

> "이는 이방인들이 복음으로 말미암아 그리스도 예수 안에서 함께 상속자가 되고 함께 지체가 되고 함께 약속에 참여하는 자가 됨이라 이 복음을 위하여 그의 능력이 역사하시는 대로 내게 주신 하나님의 은혜의 선물을 따라 내가 일꾼이 되었노라 모든 성도 중에 지극히 작은 자보다 더 작은 나에게 이 은혜를 주신 것은 측량할 수 없는 그리스도의 풍성함을 이방인에게 전하게 하시고 영원부터 만물

을 창조하신 하나님 속에 감추어졌던 비밀의 경륜이 어떠한 것을 드러내려 하려 하심이라"

이것이 에베소서를 쓴 목적입니다. 하나님께서 감춰오신 그 비밀을 이제 공개합니다.

"이제 교회로 말미암아 하늘에 있는 통치자들과 권세들에게 하나님의 각종 지혜를 알게 하려 하심이니"(3:10).

이것은 영원 전부터 하나님께서 교회를 통해 예비하신 것입니다. 하나님의 때에 교회가 이 세상에 존재하게 된 것이고 바울은 이 교회의 구성원 중 하나인 이방인을 끌어들이고 있습니다. 이것은 신비한 비밀입니다.

구약에도 유대인과 이방인이 그리스도 안에 하나가 되어 하나님의 영광을 나타내는 내용이 언급되어 있습니다 창세기 4장에 가인과 아벨이 나오는데, 가인이 형이고 아벨이 동생입니다. 가인은 유대인을 뜻하고 아벨은 이방인을 뜻하기도 합니다. 가인은 양을 제물로 드려야 하는 것을 알면서도 곡식을 바쳤기에 하나님께서 그 제사를 받지 않으셨고 아벨은 양으로 제사를 드렸기에 하나님께서 받으셨습니다.

이 내용을 교회에 대한 예언으로 해석할 수 있습니다. 유대교는 율법 중심입니다. 그러나 하나님은 완전하신 분이어서 우리는 하나님이 원하시는 제사를 드릴 수 없습니다. 우리가 죄를 짓는다는 것은 하나님의 마음을 상하게 하는 것인데 하나님의 용서 외에는 해결 방법이 없습니다. 하나님은 우리의 죄를 속하시기 위해 예수 그리스도를 십자가에서 죽게 하셨습니다. 우리가 십자가에 돌아가신 예수를 믿을 때 하나님은 우리를 의롭다 여기십니다.

> "모든 사람이 죄를 범하였으매 하나님의 영광에 이르지 못하더니 그리스도 예수 안에 있는 속량으로 말미암아 하나님의 은혜로 값없이 의롭다 하심을 얻은 자 되었느니라"(롬 3:23-24).

하나님께서 상속자로 택한 인물을 보면 다 장남이 아닙니다. 아브라함의 두 아들 이스마엘과 이삭 중에 이스마엘은 사람이 낳은 아들이었고, 이삭은 차남이었지만 믿음으로 낳은 아들이었습니다. 하나님의 상속권을 원했던 이삭의 아들 야곱, 그리고 야곱의 막내 아들 다윗, 다윗의 아들 솔로몬 또한 장남이 아니었습니다. 저는 이 사실들이 이방인도 하나님의 자손이라는 뜻을 포함하고 있다고 해석합니다. '율법'이 아닌 '하나님의 은혜'로 나아가는 것입니다. 이것이 영원 전부터 감춰온 비밀이었고 하나님께서 그 비밀을 하나님의 때에 예수 그리스도를 통해 전 세계에 나타내신 것입니다.

유대인 중의 유대인인 바울이 이방인의 사도가 된 것은 엄청난 하나님의 계시를 받았기 때문입니다. 바울은 하나님께서 영원 전부터 마음에 두신 '교회'가 어떤 교회인지 알게 됩니다. 교회는 모든 족속과 나라와 열방을 그리스도 안에 통일되게 합니다.

"그 뜻의 비밀을 우리에게 알리신 것이요 그의 기뻐하심을 따라 그리스도 안에서 때가 찬 경륜을 위하여 예정하신 것이니 하늘에 있는 것이나 땅에 있는 것이 다 그리스도 안에서 통일되게 하려 하심이라"(1:9-10).

그 중심에 있는 것이 여러분과 제가 속해 있는 교회입니다. 교회는 이토록 놀라운 곳입니다. 바울은 3장 12절에 "그 안에서 그를 믿음으로 말미암아 담대함과 확신을 가지고 하나님께 나아감을 얻느니라"라고 했는데 담대함은 곧 당당함을 말합니다. 당시 유대인들은 양반 대접을 받았고 이방인들은 상놈 취급을 받았습니다. 그중에 이방인과 유대인이 교회를 통해 하나가 되는 비밀을 알고 있는 바울이 예수의 죄수가 되어 감옥에 갇혀있는 것입니다.

한국 사극을 보면 왕이 신하들과 함께 의견을 나누는데 만약 영의정이 왕에게 "오늘부터 양반과 상놈의 개념을 다 없애버립시다"라고 했다면 그 영의정은 바로 사형에 처해질 것입니다. 바로 바울도 당시 사람들이 받아들이기 힘든 것을 주장했기에 감옥에 갇힌 것입니다. 그런데 바울은 이것이 너무나 감사했습니다. 하나님의 일이었기 때문입니다. 바울은 당당히 자신을 그리스도의 일로 이방인을 위해 갇힌 자라고 말합니다.

이것이 21세기에 무슨 의미가 있는지 알려드리겠습니다.

첫째, 교만하지 맙시다.

유대인들은 자신들만 구원받았다고 생각해 이방인을 경멸하고 무시했습니다. 유대인들에게만 해당되는 것이 아니라 우리에게도 이 병이 있습니다. 우리는 남들과 분리하기를 좋아합니다. 상대적인 우월감을 가지고 쟁취하려는 것, 남을 지배하려는 것이 죄에서 나온 것들입니다. 하나님께서 율법을 지키면 복을 주겠다고 하셨기에 유대인들은 율법을 지키는 것입니다. 유대인들은 그 복을 자신들만 받는다는 교만에 빠진 것입니다. 교만은 패망의 선봉입니다. 유대인의 전철을 밟지 맙시다. 당당해야 하지만 우리가 잘나서가 아닌 그리스도의 은혜로 당당해야 합니다.

둘째, 비교하지 맙시다.

유대인과 이방인은 '비교' 하기 때문에 구분이 된 것입니다. 비교 하면 반드시 상하가 생깁니다. 자신보다 못한 사람을 상대하고 싶지 않은 마음이 생기고 열등감이 생기면 자신보다 잘난 미워하게 되어있습니다. 그래서 공산주의나 사회주의 사람들이 핏발을 세우고 폭력을 사용하는 것입니다. 세계가 미국을 미워하는 것은 미국을 향한 시기, 질투 때문입니다.

구원은 예수 믿고 천국 가는 의미도 있지만 '회복' 을 의미합니다. 전에 잃은 것을 다시 찾는 것이 구원입니다. 창세기 때는 비교가 없었습니다. 죄가 들어오면서 비교가 생긴 것입니다. 사탄이 아담과 하와를 유혹할 때 하나님과 같이 된다고 유혹해 죄에 빠뜨렸습니다. 그 이후로 사람들은 하나님을 마음에 두기 싫어하고 부정하게 된 것입니다.

비교하게 되면 반드시 분리가 일어납니다. 유대인이 생기고 이방인이 생깁니다. 구원을 받은 사람은 비교를 하면 안됩니다. 매일매일 삶에서 남과 비교하지 않아야 하지만 우리는 아직도 비교라는 병을 가지고 있습니다. 예수를 믿는다는 것은 자신을 비워 종이 되는 것입니다. 예수는 자신을 버리고 죄인이 되어 십자가에 돌아가셨습니다. 기독교인다운 행동은 '비교하지 않는 것' 입니다. 구원받은 것은 색안경, 비교의 안경을 벗어던지는 것입니다.

모든 사람이 죄인입니다. 해결 방법은 그리스도입니다. 그리스도의 안경을 쓰는 것이 구원입니다. 원수 된 자와의 사이에 있는 담을 주님이 육체로 허무셨습니다. 이것이 교회입니다. 우리에게 아직도 죄성이 남아 있지만 그렇게 살도록 노력해야 합니다. 그럴 때 하나님께서 예비하신 교회가 소망으로 나타나는 것입니다. 여러분과 제가 이 싸움을 할 때 이 세상의 빛과 소금이 되고 선교적인 삶을 살게 될 줄 믿습니다.

에베소서 3장 14-21절

천국의 비밀 8

-교회의 연합-

이러므로 내가 하늘과 땅에 있는 각 족속에게 이름을 주신 아버지 앞에 무릎을 꿇고 비노니 그의 영광의 풍성함을 따라 그의 성령으로 말미암아 너희 속사람을 능력으로 강건하게 하시오며 믿음으로 말미암아 그리스도께서 너희 마음에 계시게 하시옵고 너희가 사랑 가운데서 뿌리가 박히고 터가 굳어져서 능히 모든 성도와 함께 지식에 넘치는 그리스도의 사랑을 알고 그 너비와 길이와 높이와 깊이가 어떠함을 깨달아 하나님의 모든 충만하신 것으로 너희에게 충만하게 하시기를 구하노라 우리 가운데서 역사하시는 능력대로 우리가 구하거나 생각하는 모든 것에 더 넘치도록 능히 하실 이에게 교회 안에서와 그리스도 예수 안에서 영광이 대대로 영원 무궁하기를 원하노라 아멘(엡 3:14-21).

나만을 위한 예수를 뛰어넘어 우리를 위한 예수의 '선한 일'이 무엇인지 알아 보겠습니다. 3장 14절 이전까지 중요한 맥을 다시 짚어보면 에베소서는 교회를 향한 가르침입니다. 당시 교회는 유대교의 이단이라 칭해지며 혼란 속에 있었습니다. 예수의 부활을 목격한 후 교회에 다니는 유대인과 이방인들이 갈등을 겪게 됩니다. 안식일을 준수하지 않고 범하는 것이 죄인지 아닌지 혼란스러웠습니다. 교회 때문에 그 죄를 매주마다 범했기 때문입니다. 예수의 부활 때문에 교회에 왔는데 신학적인 정리가 되지 않아 그들은 어떻게 해야 하는지 몰랐습니다. 이것이 바울이 교회에 대해 설명하는 이유 중 하나입니다.

바울은 창세 전부터 교회가 이미 계획되어 있었다는 사실을 말하고 있습니다. 이것은 혁명적인 선언입니다. 인간으로서는 알 수가 없는 일이지만 하나님께서 계시로 보여주셨기 때문에 바울은 이 사실을 말할 수 있었습니다. 하나님이 천지를 창조하셨을 때 감추셨던 비밀이 바로 교회에 대한 것입니다. 교회로 말미암아 하늘과 땅에 하나님의 지혜를 알게 하시는 것입니다. 교회를 예정하시고 예수를 십자가에 돌아가게 하시고 부활하게 하신 것입니다. 유대인과 이방인이 하나 되어 하나님을 찬양하도록 하기 위해 미리 정했던 교회를 세우신 것입니다.

이 말씀을 깊이 묵상하면 이런 결론이 나옵니다. 그리스도께서 십자가에 돌아가심으로 인해 우리가 죄 사함을 받고 구원을 받아 천국에 갑니다. 이것은 진리이고 반드시 믿어야 합니다. 주께서 부활하심으로 말미암아 우리가 부활했습니다. 그러나 여기서 머문다면 예수께서 하신 일의 반 정도밖에 이해하지 못하는 것입니다. 나 개인이 구원을 받는 것뿐 아니라 원수 된 것의 담을 헐고 하나가 되어 화평하게 해야 합니다. 온 세상에 분리되어 나눠져 있는 모든 이들이 그리스도 안에서 하나가 되는 것입니다. 이것은 창세 전부터 예정되어 있었던 것입니다.

더 중요한 사실은 주께서 십자가에서 돌아가심으로 말미암아 둘이었던 우리가 새 사람, 즉 교회가 되어 화평하게 하신 것입니다. 주님이 돌아가신 것은 사람을 구원하기 위해서라는 말은 많이 들어봤을 것입니다. 그리고 교회를 위해서도 돌아가셨다는 사실은 생소하겠지만 사실로 믿어야 합니다. 너와 나를 뛰어넘어 교회가 되어 선지자들, 사도들이 연결되어 날마다 성경 안에서 성전이 지어져가는 선한 일을 위해 하나님께서 이렇게 하신 것입니다. 이것이 교회에 대한 비밀입니다.

"우리는 그의 만드신 바라", '나'가 아닌 '우리'라고 했습니다. 포스트모더니즘의 가장 근본은 '나'입니다. 나를 기쁘게 하는 것을 최고로 여기는 것이 포스트모더니즘입니다. 이 무서운 풍조가 교회 안에도 들어와 모든 것을 자신을 위해서 하려고 합니다. 그러나 이것은 교회를 세우기 위한 디딤돌에 불과합니다. 하나님은 선한 일을 위해서 교회를 세우신 것입니다. 멀리 있던 우리가 하나 되어 분리의 장벽을 허물고 연합하여 성소로 지어져가는 것이 예수 믿는 자들이 해야 할 중요한 일입니다.

이 세상엔 다른 많은 선한 일이 있는데 하나님 없이 하는 선한 일이 가장 큰 악입니다. 창세기 3장에서 뱀이 말하길 "선악을 아는 일에 하나님같이 되리라"고 했습니다. 선악을 아는 일에 하나님같이 된다는 것은 무슨 뜻입니까? 마귀의 속성은 완전한 존재라고 소개되어집니다. 즉 흠이 없는 존재라는 것입니다. 선악을 아는 것에 하나님같이 된다는 것은 완전한 존재가 되어 자신의 보좌를 높여 하나님과 비기려 한다는 것입니다. 만약 어떤 사람이 선한 일을 하고 아무에게도 이를 알리지 말라고 해놓고 집에 가서 "나 같은 사람은 없을 거야"라고 하며 스스로 큰일을 했다는 교만에 빠진다면 그것은 악입니다.

선한 일은 교회 안에서 형제 자매들과 예수와 같이 하는 것이므로 영광은 하나님께서 받으십니다. 이것이 선한 일입니다. 그리스도 안에서 나와 너가 없는 교회가 우리 삶의 목적입니다. 교회 안에는 유대인과 이방인이 없고 분리의 영과 비교의 영이 없어야 합니다. 선한 일을 한다고 하면서 다른 이보다 낮고 높음을 말한다면 악한 일입니다. 교회 밖에서 선한 일은 하나가 되어 밖으로 나가 모든 민족과 열방을 품고 선교해 하나님의 성소로 지어지게 하는 것입니다.

한 형제가 어떤 책을 읽고 도전을 받아 하루에 20명씩 중보기도를 하기로 했습니다. 그 형제가 모든 민족, 인종을 두고 기도하는데 어느 순간부터 그 사람들의 문제가 해결되기 시작했습니다. 그곳에는 이방인도 유대인도 없었습니다. 그곳에는 하나님께 영광 돌리는 '우리'가 있었습니다. 이것이 바로 선한 일입니다.

전 인류는 하나님이 창세 전에 그의 사랑 안에서 만드신 것이므로 인류는 하나님의 뜻을 알고 하나님을 사랑하고 서로 사랑해야 합니다. 그런 존재가 바로 교회입니다. 그리고 이러한 목적을 위해 내려오셔서 모퉁잇돌이 되신 분이 예수 그리스도입니다. 하나님의 사랑을 지식만이 아닌 체험으로 알고 하나님의 사랑의 수준까지 날마다 충만해져가는 것이 우리 삶의 목적입니다.

간혹 이것이 이상일 뿐이라고 생각하는 사람이 있을 수도 있습니다. 교회 안에서조차 서로 분리하고 싸우면서 이것은 설교에서만 가능하다고 생각할 수도 있습니다. 성경의 가르침에 따라 교회가 이것을 해야 하는데 우리는 그렇게 하지 못하고 있습니다. 이것이 문제입니다. 바울이 이 어마어마한 계시를 전할 때 대부분의 사람들은 이것을 이룰 수 없는 것이라고 생각했기에 바울이 기도를 합니다. 우리는 믿음, 영성, 가족, 직장 등을 위해서만 기도하지만 '나' 를 떠나 하나님의 마음을 가지고 선한 일을 품고 하나님의 이상을 알고 기도해야 합니다.

바울은 '하나님' 이 아닌 '아버지' 라고 말했습니다. 보통 사람들은 하나님을 아버지라고 부르기를 두려워합니다. 에베소서가 쓰여진 곳은 다신 문화 지역이었습니다. 그곳의 하나님은 계약적인 하나님이었습니다. 이것이 바알 숭배입니다. 바울은 계약적인 하나님 즉 바알이 아닌 '아버지' 라고 불렀습니다.

아버지는 사랑의 존재입니다. 하나님 아버지의 마음은 온 인류가 그리스도 안에서 통일되게 하는 것입니다. 사랑하는 자녀의 이름을 짓는 것은 아버지의 권한인데 그 아버지께서 바울에게 이 마음을 주셨습니다. 바울은 배를 깔고 하나님 아버지에게 기도했습니다. 바울은 성령으로 말미암아 속사람이 바뀌게 해달라고 기도했습니다. 우리에게는 우리가 인정하는 것의 백 배 천 배로 분리와 비교의 영이 우리 마음속에 자리잡고 있습니다. 그래서 하나님의 뜻이 있음에도 불구하고 그 분리의 영이 나타나게 됩니다.

크리스마스에 한 아버지가 아들에게 특별한 선물을 하고 싶은 마음에 애완동물 가게에 갔더니 그곳의 점원이 긴 구렁이를 보여줍니다. 휘파람에 따라 움직이는 구렁이에 혹한 아버지가 구렁이를 사왔고 가족들은 구렁이를 좋아하게 되었습니다. 어느 날 밤에

자는데 비명소리가 들려 뛰어가보니 구렁이가 아들의 목을 감고 있었습니다. 아들이 물을 마시려다 구렁이를 밟자 놀란 구렁이가 아들의 목을 감았던 것입니다. 이것처럼 분리와 비교의 영이 우리 마음속에 있습니다.

바울은 하나님 앞에 성령으로 말미암아 그 분리와 비교의 영을 버릴 수 있게 해달라고 기도했습니다. 이 분리의 영을 버리는 것은 하루아침에 되지 않습니다. 매일매일 주님이 우리 마음에 머무시도록 기도해야 합니다. 그래야 나와 너가 아닌 '우리'가 되는 것입니다. 날마다, 항상 매일 거하시도록 기도해야 합니다. 그리스도를 우리 마음에 모시고 기도와 묵상으로 나아가야 합니다. 사랑 가운데서 뿌리가 박히고 터가 굳어져야 합니다.

본문의 '지식'은 남녀가 서로를 안다는 뜻입니다. 사랑 안에서 주님과 우리가 서로 아는 것이 '지식'입니다. 그 사랑의 길이와 넓이와 깊이를 알아야 합니다. 길이는 사랑의 영원성을 이야기합니다. 사람들의 사랑은 달면 삼키고 쓰면 뱉는 사랑입니다. 우리가 예수와의 관계는 남녀의 혼인관계와 같습니다. 그리스도는 남편이고 아내는 교회입니다. 신부는 거룩해야 합니다.

하나님께서 우리를 영광스러운 교회로 세우사 거룩하고 흠이 없게 하십니다. 너와 내가 이제는 한 육체입니다. 21절에 이 비밀이 크다고 말합니다.

> "교회 안에서와 그리스도 예수 안에서 영광이 대대로 영원무궁하기를 원하노라"(3:21).

사랑의 깊이는 빌립보서 2장 5-8절입니다.

"너희 안에 이 마음을 품으라 곧 그리스도 예수의 마음이니 그는 근본 하나님의 본체시나 하나님과 동등됨을 취할 것으로 여기지 아니하시고 오히려 자기를 비워 종의 형체를 가지사 사람들과 같이 되셨고 사람의 모양으로 나타나사 자기를 낮추시고 죽기까지 복종하셨으니 곧 십자가에 죽으심이라 "

그 하늘에서 가장 낮은 곳으로 내려오셨습니다. 요한복음 13장 13-14절에 예수께서 제자들의 발을 씻겨주시는 사건이 기록되어 있습니다. 예수께서 제자들에게 "너희가 나를 선생이라 또는 주라 하니 너희 말이 옳도다 내가 그러하다 내가 주와 또는 선생이 되어 너희 발을 씻었으니 너희도 서로 발을 씻어 주는 것이 옳으니라"라고 하셨습니다. 예수께서 제자들에게 본을 보이신 것입니다. 사랑이란 냄새나는 것까지 닦아주는 것입니다. 마치 자기 자식의 것은 배설물도 사랑스러운 것처럼 말입니다.

사랑의 넓이는 관대함입니다. 넓은 사랑입니다. 사랑의 높이는 숭고함입니다. 손양원 목사님이 자기 아들을 죽인 공산당원을 양자로 삼은 것과 같습니다. 바울은 하나님의 사랑의 깊이, 넓이, 길이를 알게 되면 우리도 이 일을 할 수 있다고 말했습니다. 우리도 선한 일을 할 수 있습니다. 우리는 날마다 주님이 주시는 충만함으로 살아야 합니다.

에베소서 4장 1-16절

천국의 비밀 9

-교회의 거룩성-

그러므로 주 안에서 갇힌 내가 너희를 권하노니 너희가 부르심을 받은 일에 합당하게 행하여 모든 겸손과 온유로 하고 오래 참음으로 사랑 가운데서 서로 용납하고 평안의 매는 줄로 성령이 하나 되게 하신 것을 힘써 지키라 몸이 하나요 성령도 한 분이시니 이와 같이 너희가 부르심의 한 소망 안에서 부르심을 받았느니라 주도 한 분이시요 믿음도 하나요 세례도 하나요 하나님도 한 분이시니 곧 만유의 아버지시라 만유 위에 계시고 만유를 통일하시고 만유 가운데 계시도다 우리 각 사람에게 그리스도의 선물의 분량대로 은혜를 주셨나니 그러므로 이르기를 그가 위로 올라가실 때에 사로잡혔던 자들을 사로잡으시고 사람들에게 선물을 주셨다 하였도다 올라가셨다 하였은즉 땅 아래 낮은 곳으로 내리셨던 것이 아니면 무엇이냐 내리셨던 그가 곧 모든 하늘 위에 오르신 자니 이는 만물을 충만하게 하려 하심이라 그가 어떤 사람은 사도로, 어떤 사람은 선시자로, 어떤 사람은 복음 전하는 자로, 어떤 사람은 목사와 교사로 삼으셨으니 이는 성도를 온전하게 하여 봉사의 일을 하게 하며 그리스도의 몸을 세우려 하심이라 우리가 다 하나님의 아들을 믿는 것과 아는 일에 하나가 되어 온전한 사람을 이루어 그리스도의 장성한 분량이 충만한 데까지 이르리니 이는 우리가 이제부터 어린아이가 되지 아니하여 사람의 속임수와 간사한 유혹에 빠져 온갖 교훈의 풍조에 밀려 요동하지 않게 하려 함이라 오직 사랑 안에서 참된 것을 하여 범사에 그에게까지 자랄지라 그는 머리니 곧 그리스도라 그에게서 온 몸이 각 마디를 통하여 도움을 받음으로 연결되고 결합되어 각 지체의 분량대로 역사하여 그 몸을 자라게 하며 사랑 안에서 스스로 세우느니라(엡 4:1-16).

본문 1절은 '그러므로' 라는 말씀으로 시작됩니다. 바울은 '그러므로' 전까지 아래의 말씀을 배경으로 이야기 하고 있습니다.

하나님은 교회를 창세 전부터 예정하셨고 교회와 더불어 서로 사랑하시기 위해서 교회를 세우셨습니다. 교회의 구성원인 저와 여러분이 하나님처럼 거룩해져서 사랑을 해야 합니다. 하나님은 우리가 거룩하고 흠이 없게 살기를 원하십니다. 가장 중요한 것은 우리가 하나 되는 것입니다.

에베소서 3장에서 천국 가는 소망을 이야기했는데 저는 천국에 가는 것이 무척 기대됩니다. 이 세상이 아무리 힘들고 어려워도 잠시 잠깐이기 때문에 괜찮습니다.

에베소서를 읽다 보면 개인의 구원도 중요하지만 하나님께서 진정 원하시는 것은 온 세상이 구원받는 것임을 알게 됩니다. 그 구원의 도구가 교회입니다. 요즘 가장 큰 문제는 사람들이 서로 싸우는 것입니다. 비교하고 경쟁하며 분리가 일어나 교만과 열등감이 생기고 거짓과 질투가 생겨나고 분노가 생기기 때문에 싸웁니다.

창세기 3장을 보면 '비교' 때문에 가인이 아벨을 죽이는 사건이 나옵니다. 이 분리의 영이 비교와 경쟁하는 마음을 가져와서 사람들은 상하를 만들고 거기서부터 모든 죄와 미움과 갈등이 옵니다. 교회는 바로 세상을 죽음으로 몰아가는 분리의 영을 막기 위해 존재합니다.

분리로 가득 찬 세상을 위해 십자가를 지려 하신 예수는 제자들과 함께 산에 올라가 제자들과 시간을 나누다가 그들에게 자신을 누구라고 생각하냐고 물어보셨습니다. 그때 베드로는 "주는 그리스도이십니다"라고 고백했습니다. '그리스도'는 예수의 직함입니다. 제가 목사인 것처럼 그리스도는 직함이고 구원자라는 뜻을 가집니다.

세상은 두렵고 외롭고 무서운 곳입니다. 유대인들은 살아계신 하나님께서 이 세상을 그냥 놔두시지 않고 구원자를 보내주실 것이라 믿었고 그 구원자가 메시아, 그리스도입니다. 베드로는 예수를 향해 구원자요 모든 것을 회복시키는 자라 고백했습니다.

우리 신앙도 이런 신앙입니다. 아무리 상황이 어려워도 구원자가 계시기에 버틸 수 있습니다. 다니엘과 세 친구가 풀무불에 던져질 때 왕은 자기 앞에 절을 하면 살려주겠다 했지만 다니엘은 끝까지 왕에게 절을 하지 않고 풀무불에 던져졌습니다. 하지만 하나님께서 다니엘과 세 친구를 구원해 주셨습니다.

주님은 살아계시고 마지막 날에 이 땅에 임하실 것입니다. 지금 절망과 아픔과 어려움이 있을지라도 이 세상에 절하지 않는 것은 우리에겐 구원자인 예수가 계시기 때문입니다. 그런 고백을 한 베드로에게 예수는 복이 있다 말씀하셨습니다. 이 모든 것은 하나님께서 우리에게 주신 은혜입니다. 그때 예수는 이 반석 위에, 이 신앙고백 위에 교회를 세우신다고 하셨습니다.

하나님은 교회를 세우시기 위해 예수를 보내셨습니다. 이는 성도를 온전케 하여 봉사하게 하고 그리스도의 몸을 세우려 하심입니다. 각 지체가 자라고 사랑 안에서 세우는 것입니다. 이 반석 위에 주님의 권세를 세우리니 음부의 권세가 이기지 못합니다. 음부의 권세는 사람을 비교하고 경쟁해 분리하게 하고 자멸하게 하고 멸망하게 하는 것입니다. 서로 죽기를 마다하지 않고 싸우는 것이 우리 인생입니다. 많은 전쟁이 일어나는 이유는 자신들의 주장이 옳으므로 남은 죽어도 상관 없다고 생각하기 때문입니다.

그 음부의 권세를 이기기 위해 세우신 것이 교회인데 사탄은 그 교회에까지 들어와 있습니다. 우리의 마음이 마지막 때에 더욱 악해져서 자기만을 사랑하게 되고 분리의 영이 더 심하게 역사하게 됩니다. 교회 안에서 하나님보다 쾌락을 더 사랑하는 것, 경건의 능력이 나타나지 않음으로 인해 교회와 세상이 같아지게 되는 것입니다.

원래 교회는 음부의 권세를 이기기 위해 세운 군대고 그 무기는 '사랑'과 '연합'입니다. 연합은 사랑의 결과입니다. 비교와 경쟁의 결과는 분리고 멸망입니다. 교회가 이 세상의 빛이 되기 위해서는 사랑을 나타내야 합니다. 교회에서는 다른 어떠한 사역보다도 사랑이 중요합니다. 본문에서도 "그에게서 온 몸이 각 마디를 통하여 도움을 받음으로 연결되고 결합되어 각 지체의 분량대로 역사하여 그 몸을 자라게 하며 사랑 안에서 스스로 세우느니라"(4:16)라고 나옵니다. 교회야말로 음부의 권세를 이길 수 있는 사랑을 갖고 있습니다.

예수를 믿지 않는 자들이 예수 믿는 자에게 호소하는 것이 예수 좀 잘 믿어 달라는 것입니다. 그들은 성경과 예수를 보면 믿어 보고 싶지만 기독교인들을 보면 믿고 싶지 않다고 말합니다.

요즘 한국은 자살 공화국이 되었습니다. 한국처럼 비교와 경쟁의 문화가 가득 찬 나라가 없습니다. 그 속에서 견디지 못하는 사람들이 힘들어하다가 스스로 자신의 목숨을 버리는 것입니다.

우리 나라에서 몇 손가락 안에 꼽히는 대기업에 다니는 김 부장은 사내에서 비싼 아파트를 소유하고 있다는 이유로 부러움의 대상인데 아파트 값이 떨어지자 빚 때문에 '집 가진 하류층(하우스푸어)'이 되었습니다. 강남 상류층 집안 자녀들은 한 과목당 두 명의 과외선생이 오고 많으면 몇백만 원짜리 고액 과외를 받기도 합니다. 그렇게 돈을 많이 들여 과외를 해도 명문대학이 보장되지 않고, 명문대학을 나와도 직장 구하기가 힘듭니다. 김 부장은 이민을 생각하게 되고 정치인들에 대한 험담이 그치지 않습니다. 그는 사교육비와 아파트 융자에 대한 이자 부담 때문에 외식은 꿈도 꾸지 못합니다. 김 부장은 대출금리가 오르자 불안감에 싸이기 시작했습니다.

김 부장의 이야기는 지독한 경쟁사회의 예입니다. 왜 그렇게 서로를 미워하고 무시합니까? 교회에서까지 그래야 합니까? 음부의 권세를 이겨야 할 교회가 왜 이렇게 된 것입니까? 사랑이 없어서입니다.

본문 말씀에 사랑에 대한 놀라운 표현이 있습니다. 사랑은 겸손입니다. 사랑에 대한 많은 정의가 있지만 성경에는 아주 간단히 표현되어 있습니다. 사랑은 겸손으로 나타나야 합니다. 겸손은 사랑의 모습입니다. 겸손은 하나님의 형상이고 그리스도의 마음입니다. 이것은 하나님께서 사람을 하나 되게 만드신 것입니다.

빌립보서 2장 2~3절 말씀처럼 마음을 같이하여 같은 사랑을 가지고 뜻을 합하여 한마음을 품어 다투지 않고 오직 겸손한 마음, 자신을 낮추는 마음을 가지는 것이 필요합니다. 남을 나보다 낫게 여기는 마음을 가져야 합니다.

거룩함으로 하나가 되어야 합니다. 하나가 되는 것이 교회의 비전이고 선한 일입니다. 그것을 위해 예수께서 사람의 형체로 내려오셔서 십자가에서 죽으신 것입니다. 오스틴은 "예수 믿는 자의 가장 중요한 행동은 겸손, 겸손, 겸손이다"라고 말했습니다. 교회 안에서 그리스도의 눈으로 바라보며 서로를 귀하게 여기십시오. 저도 여러분 모두를 사랑하는데 그 이유는 예수 때문입니다. 여러분도 할 수 있습니다. 이것이 구원이고 회복이고 교회의 사명입니다.

에베소서 4장 17-32절

천국의 비밀 10

-교회의 다양성-

그러므로 내가 이것을 말하며 주 안에서 증언하노니 이제부터 너희는 이방인이 그 마음의 허망한 것으로 행함같이 행하지 말라 그들의 총명이 어두워지고 그들 가운데 있는 무지함과 그들의 마음이 굳어짐으로 말미암아 하나님의 생명에서 떠나 있도다 그들이 감각 없는 자가 되어 자신을 방탕에 방임하여 모든 더러운 것을 욕심으로 행하되 오직 너희는 그리스도를 그같이 배우지 아니하였느니라 진리가 예수 안에 있는 것같이 너희가 참으로 그에게서 듣고 또한 그 안에서 가르침을 받았을진대 너희는 유혹의 욕심을 따라 썩어져 가는 구습을 따르는 옛 사람을 벗어 버리고 오직 너희의 심령이 새롭게 되어 하나님을 따라 의와 진리의 거룩함으로 지으심을 받은 새 사람을 입으라 그런즉 거짓을 버리고 각각 그 이웃과 더불어 참된 것을 말하라 이는 우리가 서로 지체가 됨이라 분을 내어도 죄를 짓지 말며 해가 지도록 분을 품지 말고 마귀에게 틈을 주지 말라 도둑질하는 자는 다시 도둑질하지 말고 돌이켜 가난한 자에게 구제할 수 있도록 자기 손으로 수고하여 선한 일을 하라 무릇 더러운 말은 너희 입 밖에도 내지 말고 오직 덕을 세우는 데 소용되는 대로 선한 말을 하여 듣는 자들에게 은혜를 끼치게 하라 하나님의 성령을 근심하게 하지 말라 그 안에서 너희가 구원의 날까지 인치심을 받았느니라 너희는 모든 악독과 노함과 분냄과 떠드는 것과 비방하는 것을 모든 악의와 함께 버리고 서로 친절하게 하며 불쌍히 여기며 서로 용서하기를 하나님이 그리스도 안에서 너희를 용서하심과 같이 하라 (엡 4:17-32).

오늘은 에베소서 전체를 다시 보면서 교회를 향한 하나님의 선명한 뜻과 의도를 분명히 파악하기를 원합니다.

에베소서 6장을 두 부분으로 나눌 수 있는데 1~3장은 교회에 대한 교리를 중심으로 교회의 기원과 교회의 탁월성을 말하고 있습니다. 교회야말로 세상의 빛과 소금이라고 합니다. 또 교회의 사명은 갈기갈기 찢어진 인류를 하나 되게 하는 것입니다. 교회만이 찢어진 인류의 연합됨을 선포하고 실천하는 곳입니다. 전반부는 교회의 이론, 이상, 비전을 제시하고 있습니다.

4~6장에는 이러한 이론, 이상, 비전을 바탕으로 교회가 하나님의 뜻하신 바를 어떻게 실천하는지에 대해 나오고 있습니다. 우리는 부르심을 받은 일에 합당하게 행하는 것이 중요합니다. 1~3장에서의 요절은 2장 6절입니다.

> "또 함께 일으키사 그리스도 예수 안에서 함께 하늘에 앉히시니"(2:6).

이것은 이론적인 부분이고 교리입니다. 가장 근본적인 믿음은 십자가에 돌아가신 예수를 믿는 것입니다. 영접하는 자들에게는 하나님의 아들과 딸이 되는 권세를 주십니다. 결코 포기할 수 없는 것은 바로 예수를 믿는 순간에 하나님께서 그리스도와 함께 우리를 자녀 삼으셨다는 법률적인 위치입니다. 이것은 부인할 수 없는 교리입니다.

그러나 이것만으로는 되지 않습니다. 우리는 부르심에 걸맞게 행해야 합니다. 미국에 사는 한국인이 그릇된 행동을 하면 사람들은 한국을 욕할 것입니다. 이와 마찬가지로 우리가 그릇된 행동을 하면 사람들은 예수를 욕할 것입니다. 이것은 하나님의 영광을 가리는 것입니다. 우리는 부르심에 합당하게 행동해야 합니다. 그렇게 하지 못하면 예수의 이름에 먹칠을 하며 세상의 소망을 가리는 것입니다.

우리는 겸손해야 하고 온유해야 합니다. 용서하고 불쌍히 여겨야 합니다. 하나님은 연합을 막는 것을 싫어하십니다. 지난번에는 연합에 대해 말씀드렸는데 연합 못지않게 중요한 것이 서로 다름을 인정하는 '다양성' 입니다. 다양성 가운데 연합을 이루는 것이 하나님께서 원하시는 것입니다. 마치 삼위일체의 하나님처럼 말입니다.

이 연합과 다양성이 얼마나 중요하냐면 1장 23절에 "교회는 그의 몸이니 만물 안에서 만물을 충만하게 하시는 이의 충만함이니라" 했습니다. 몸은 하나지만 여러 지체가 있습니다. 입만 가진 몸을 생각해 보십시오. 그것은 괴물입니다. 우리가 잘못하고 있는 것은 자신과 다른 사람들을 용납하지 않는 것입니다. 서로 다른 부분을 인정하며 사는 것이 주님께서 원하시는 것입니다. 모든 사람이 같을 수는 없기 때문입니다.

교회는 연합성과 다양성도 있어야 하고 또 거룩함이 있어야 하고 순결하고 깨끗해야 합니다. 신부인 교회가 깨끗하지 않으면 안 됩니다. 사랑 안에 거룩하고 흠이 없기를 원하십니다. 교회는 흠이 없고 순결하고 거룩해야 합니다. 교회가 이것을 놓치는 순간 교회는 더 이상 교회가 아닙니다.

어떻게 깨끗해질 수 있습니까.

"너희는 유혹의 욕심을 따라 썩어져 가는 구습을 따르는 옛 사람을 벗어 버리고 오직 너희의 심령이 새롭게 되어 하나님을 따라 의와 진리의 거룩함으로 지으심을 받은 새 사람을 입으라"(4:22-24).

구습을 벗고 새 사람이 되는 것은 심령이 새롭게 되는 것입니다. 우리의 몸을 하나님께 산 제물로 드려야 합니다. 마음을 새롭게 함으로 변화를 받아야 합니다. 하나님을 따라 의와 진리의 거룩함을 추구할 때 하나님의 부르심에 합당한 사람이 되고 세상과는 다른 삶을 살며 하나님께 순종하는 삶을 사는 것입니다.

우리는 세상 사람들과 확실히 달라야 합니다. 우리가 세상 사람과 다를 바가 없다면 그들이 소망을 가질 수 없습니다. 하나님을 따라 의와 진리의 거룩함으로 지어진 새 사람을 입어야 합니다. 이전 것이 지나가고 새것이 되어야 하므로 새로운 언어와 행실이 나와야 합니다. 4장 32절의 "서로 친절하게 하며 불쌍히 여기며 서로 용서하기를 하나님이 그리스도 안에서 우리를 용서하심과 같이" 해야 합니다. 아주 혁명적인 은혜입니다. 그 어떤 말로도 하나님의 은혜를 설명하기 어렵습니다.

누가복음 15장 11-20절의 돌아온 탕자의 이야기는 우리의 마음을 새롭게 합니다. 이 비유야말로 우리의 모습을 보여주고 있습니다. 하나님을 믿지 않는 이방인은 총명이 어두워진 사람들입니다. 눈을 뜨면 하나님이 보여야 하는데 세상만 보인다면 총명이 어두워진 것입니다.

돌아온 탕자 이야기에 나오는 탕자는 어느 순간 총명이 어두워지며 세상이 보이기 시작하자 아버지에게 자기가 받을 유산을 미리 달라고 요구했습니다. 아버지는 아들에게 유산을 나누어 주었고 아들은 그 돈을 가지고 먼 나라에 가서 흥청망청 돈을 쓰고 살면서 점점 감각 없는 자가 되었습니다. 처음에는 두려웠지만 죄를 계속 지으면서 무감각해졌습니다. 시간과 돈을 세상에 쓰고 나니 허무해지고 궁핍해졌습니다. 나중에는 살기 위해 일을 하게 되었고 탕자는 돼지가 먹는 열매조차 먹을 수 없는 처지에 놓이게 되었습니다. 마귀는 이처럼 우리를 잡아 갈기갈기 찢고 마침내 노예로 만듭니다. 탕자는 다행히 자신의 아버지가 생각이 났고, 이에 스스로 돌이켜 품꾼이라도 될 각오로 아버지 곁으로 돌아갑니다.

주님께서 어떤 희생을 치르고 우리를 구원하셨는지 기억하고 일어나 행동으로 옮겨야 합니다. 의와 진리로 새 사람이 되어야 합니다. 이 탕자는 자신이 도저히 용서받을 수 없는 죄인 것을 깨닫고 아버지께 돌아갑니다. 우리는 하나님과 협상할 처지에 있지 않습니다. 우리에겐 아무런 힘이 없습니다.

탕자가 집으로 돌아갔을 때 아들을 기다리던 아버지는 탕자를 측은히 여겨 달려 나갑니다. 이처럼 하나님은 우리를 기다리시고 측은히 여기십니다. 창자가 흔들릴 정도로 우리를 측은히 여기시는 것이 하나님의 마음입니다. 이것은 사랑 그 이상입니다. 탕자의 아버지는 아들을 용서하고 다시 아들로 맞았습니다. 유대인은 보통 뛰지 않는다고 합니다. 그런데 아버지는 뛰어가 아들을 맞았습니다. 그렇게까지 아들을 사랑하는 마음이 바로 하나님의 마음입니다. 하늘 보좌를 버리고 사람의 모양으로 오셔서 죽임 당하신 예수의 마음입니다. 이 마음을 깨달아야 우리가 새로워집니다.

우리는 교회를 아끼고 사랑해야 하지만 교회 건물이 우상이 되어서는 안 됩니다. 예수 믿는 사람은 세상 사람과는 확실히 달라야 합니다. 우리는 선한 말을 사용해야 합니다. 모든 악독과 비방 등이 성령을 근심하게 합니다. 정말 우리가 제대로 된 신앙생활을 하려면 남에 대해 쉽게 이야기하면 안 됩니다. 이것은 연합과 다양성과 거룩함을 깨뜨리는 것으로 구습을 좇는 옛 사람의 모습입니다. 이런 모습은 진정한 그리스도인의 모습이 아닙니다.

특별히 언어생활에 주의하십시오. 우리가 세상 사람들과는 다른 모습을 보여 주어야 세상이 예수를 알고 믿게 되는 것입니다.

에베소서 5장 1-20절 천국의 비밀 11

그러므로 사랑을 받는 자녀같이 너희는 하나님을 본받는 자가 되고 그리스도께서 너희를 사랑하신 것같이 너희도 사랑 가운데서 행하라 그는 우리를 위하여 자신을 버리사 향기로운 제물과 희생제물로 하나님께 드리셨느니라 음행과 온갖 더러운 것과 탐욕은 너희 중에서 그 이름조차도 부르지 말라 이는 성도에게 마땅한 바니라 누추함과 어리석은 말이나 희롱의 말이 마땅치 아니하니 오히려 감사하는 말을 하라 너희도 정녕 이것을 알거니와 음행하는 자나 더러운 자나 탐하는 자 곧 우상 숭배자는 다 그리스도와 하나님의 나라에서 기업을 얻지 못하리니 누구든지 헛된 말로 너희를 속이지 못하게 하라 이로 말미암아 하나님의 진노가 불순종의 아들들에게 임하나니 그러므로 그들과 함께 하는 자가 되지 말라 너희가 전에는 어둠이더니 이제는 주 안에서 빛이라 빛의 자녀들처럼 행하라 빛의 열매는 모든 착함과 의로움과 진실함에 있느니라 주를 기쁘시게 할 것이 무엇인가 시험하여 보라 너희는 열매 없는 어둠의 일에 참여하지 말고 도리어 책망하라 그들이 은밀히 행하는 것들은 말하기도 부끄러운 것들이라 그러나 책망을 받는 모든 것은 빛으로 말미암아 드러나나니 드러나는 것마다 빛이니라 그러므로 이르시기를 잠자는 자여 깨어서 죽은 자들 가운데서 일어나라 그리스도께서 너에게 비추이시리라 하셨느니라 그런즉 너희가 어떻게 행할지를 자세히 주의하여 지혜 없는 자같이 하지 말고 오직 지혜 있는 자같이 하여 세월을 아끼라 때가 악하니라 그러므로 어리석은 자가 되지 말고 오직 주의 뜻이 무엇인가 이해하라 술 취하지 말라 이는 방탕한 것이니 오직 성령으로 충만함을 받으라 시와 찬송과 신령한 노래들로 서로 화답하며 너희의 마음으로 주께 노래하며 찬송하며 범사에 우리 주 예수 그리스도의 이름으로 항상 아버지 하나님께 감사하며(엡 5:1-20).

여러분과 저는 매우 악한 시대에 살고 있습니다. 하나님께서 우리에게 창조의 질서를 세우셔서 남자를 창조하시고 여자를 보내셨는데 질서가 무너지고 있습니다. 남자가 남자로 더불어 부끄러운 일을 하고 여자가 여자로 더불어 부끄러운 일을 하고 있습니다. 마지막 때에 사람들이 자신을 사랑하고 돈을 사랑하고 쾌락을 사랑할 것이라고 했는데 우리가 지금 그러한 때에 살고 있습니다. 이런 때 어떻게 살아야 하는지 성경에 나와 있습니다.

본문 말씀은 에베소서 4장과 연관되어 있습니다. 창세 전부터 하나님은 교회를 계획하셨습니다. 제가 기도할 때마다 우리의 영적 상태를 하나님께서 보여주시는데 우리 교회에는 애늙은이들이 많습니다. 신앙생활을 하면서 이만하면 됐다는 생각을 가진 사람이 많다는 것입니다. 현재의 신앙에 만족해서 열정이 없는 신앙생활을 말합니다. 처음엔 열심히 했지만 지금은 영적인 게으름이 나타나는 것이 보입니다.

그런 가운데서 본문 말씀은 참다운 교회의 세 가지 성격에 대해 계속 말하고 있습니다. 지난번에 말씀드린 연합, 다양성, 그리고 거룩성입니다. 거짓을 버리고 죄를 짓지 말고 도둑질하지 말고 더러운 말은 입 밖에도 내지 말며 덕을 쌓고 비방하지 말고 서로 아끼고 용서해야 합니다.

세상이 교회에 기대하는 것은 하나님의 임재, 영광 등이 아닌 왜 내가 세상을 살아야 하나, 하나님이 살아계신가, 즉 기독교인들의 신앙심에 대한 것입니다. 세상 사람과 다를 바 없는 기독교인들에게서 희망을 볼 수 없는 것을 안타까워합니다. 그래서 그들은 하나님을 믿지 못하겠다고 합니다.

바울은 1절에 어떻게 순결하게 살 수 있는지를 보여주고 있는데 하나님을 본받는 자가 되어야 한다고 합니다. 여기서 중요한 것은 사탄을 주의해야 한다는 것입니다. 사탄은 하나님을 본받는 것이 불가능하다고 우리를 유혹하기 때문입니다. 그러나 예수께서 원수를 사랑하라고 하셨는데 이 말씀은 예수나 할 수 있다고 단정지어버립니다. 예수는 우리가 할 수 없는 것을 하라고 하지 않으셨습니다. 순종해야 합니다. 우리의 마음이 새로워져야 합니다.

'본받다' 의 헬라어는 민멘시스로 '흉내내다', '닮다' 를 의미합니다. 헬라 문명 사람들은 웅변을 좋아했는데 유명한 웅변가 밑에는 많은 문하생들이 있었고 경쟁이 심했습니다. 웅변가의 제자들은 처음에는 그 웅변가를 흉내내며 배웠습니다. 본받는다는 말은 하나님을 닮고 흉내내라는 뜻입니다. 완전하게 되는 것은 아니지만 예수를 믿는 것은 예수처럼 살려고 노력하는 것입니다. 우리들은 사람들에게 보이려는 약한 모습을 보입니다. 그러나 사람에게 보이려고 신앙생활 하는 것은 아닙니다. 오직 하나님만 바라보고 살 때 우리가 순결해지는 것입니다.

첫번째 본받을 것은 그리스도께서 우리를 사랑하신 것같이 우리도 사랑하는 것입니다. 예수는 자신을 버리면서까지 우리를 사랑하셨습니다. 우리도 그렇게 할 수 있습니다. 싫은 사람 곁에 있어 주는 것, 자신을 비하하는 사람을 용서하는 것이 바로 자신을 버리는 삶입니다. 예수를 거부했던 베드로가 나중에는 예수처럼 십자가에 거꾸로 매달려 죽은 것도 그렇습니다. 예수 믿는 사람들은 음담패설을 해서는 안 됩니다. 이것들은 우리의 순결을 해칩니다. 요즘 인터넷상에서 너무나도 충격적인 악플로 인터넷 테러를 하는 것을 봅니다. 세상이 이렇게 악합니다.

두 종류의 사람이 있는데 하나는 더러운 삶을 사는 사람, 다른 하나는 순결한 삶을 사는 사람입니다. 본문 16절을 보면 "세월을 아끼라 때가 악하니라"라고 했는데 세월을 아끼라는 것은 '시간을 도로 사다'라는 뜻을 가지고 있습니다. 가버린 시간을 다시 살 수 있다는 것이 얼마나 놀랍습니까? 이전에는 부정한 삶을 살아왔지만 앞으로는 순결한 삶을 살 수 있습니다. 그리스도의 빛이 우리를 비추고 있기 때문입니다.

얼마 전 일본의 호스피스 전문 의사가 죽음을 앞둔 천여 명을 상대로 설문조사를 했습니다. 그들에게 시간을 다시 살 수 있다면 어떻게 다시 살겠느냐 했더니 "조금만 더 겸손했더라면, 친절을 베풀었더라면, 일만 하고 살지 않았더라면, 장례식을 생각하며 살았더라면, 하나님의 가르침을 알았더라면, 고맙다는 말을 자주 했더라면……" 대부분 이런 대답을 했다고 합니다. 우리 또한 "하나님을 더 본받는 자가 되었으면, 어리석은 행동을 하지 않았으면, 신앙 좋은 성도를 비웃지 않았더라면, 세상의 가치관에 속지 않았더라면……" 하는 후회를 하며 이 세상을 떠나게 될 수도 있습니다.

그러나 우리에게는 새로운 기회가 주어졌습니다. 우리들이 귀중히 여겼던 세상 것들 때문에 후회하는 일은 없습니다. 우리는 영원한 것으로 후회를 합니다. 가장 귀한 것은 시간인데 얼마 남지 않았습니다.

어느 날 죽은 것 같은 사자를 보고 세 사람은 사자를 살려야겠다고 하며 살리려 했고 한 명은 나무 위로 올라갔습니다. 사자가 살아났을 때 그 세 사람은 잡혀먹었습니다. 나중에 후회하면 늦습니다.

본문에 우리가 해야 할 것과 하지 말아야 할 것들이 나와 있습니다(5:18-20). 우리는 술 취해 방탕하지 않아야 합니다. 눈에 보이는 것, 우리의 구미의 맞는 것에 팔려서 살게 되어 있기에 성령의 충만함을 받아야 합니다. 빛의 자녀처럼 살려면 성령 충만함을 받아야 합니다.

기도와 성경묵상 외에는 성령 충만을 받을 길이 없습니다. 저에게 성령 충만을 원해서 물어보시는 많은 분들을 보면 기도와 거리가 멀었습니다. 기도는 청산유수처럼 내뱉는 말이 아닙니다. 하나님께 자신의 진실됨을 보이는 것 또한 기도입니다. 자신을 고백하다 보면 기도의 깊이가 깊어지고 하나님의 은혜와 임재가 반드시 나타납니다.

세상이 점점 악해지고 있습니다. 기도하지 않고는 이 세상에서 잘살 수 없습니다. 기도하십시오. 그리고 성경을 배우십시오. 하나님의 말씀은 우리의 양식입니다. 그리스도 안에서 순결한 삶을 사는 성도들이 되시길 바랍니다.

에베소서 5장 21절, 6장 1-9절 천국의 비밀 12
-사랑이 넘치는 교회-

그리스도를 경외함으로 피차 복종하라(엡 5:21).

자녀들아 주 안에서 너희 부모에게 순종하라 이것이 옳으니라 네 아버지와 어머니를 공경하라 이것은 약속이 있는 첫 계명이니 이로써 네가 잘되고 땅에서 장수하리라 또 아비들아 너희 자녀를 노엽게 하지 말고 오직 주의 교훈과 훈계로 양육하라 종들아 두려워하고 떨며 성실한 마음으로 육체의 상전에게 순종하기를 그리스도께 하듯 하라 눈가림만 하여 사람을 기쁘게 하는 자처럼 하지 말고 그리스도의 종들처럼 마음으로 하나님의 뜻을 행하고 기쁜 마음으로 섬기기를 주께 하듯 하고 사람들에게 하듯 하지 말라 이는 각 사람이 무슨 선을 행하든지 종이나 자유인이나 주께로부터 그대로 받을 줄을 앎이라 상전들아 너희도 그들에게 이와 같이 하고 위협을 그치라 이는 그들과 너희의 상전이 하늘에 계시고 그에게는 사람을 외모로 취하는 일이 없는 줄 너희가 앎이라(엡 6:1-9).

하나님께서 온 우주를 창조하신 목적은 우주에 군림하시려는 것이 아니고 교회를 세우는 것입니다. 교회가 하나님의 창조 목적입니다. 성경을 읽는 사람이 이것을 다 알 수 없습니다. 그 안에 비밀이 가려져 있기에 믿어지지도 않고 믿으려고도 하지 않습니다. 그러나 성경은 본문 27절에서 놀라운 말을 하고 있습니다.

"자기 앞에 영광스러운 교회로 세우사 티나 주름 잡힌 것이나 이런 것들이 없이 거룩하고 흠이 없게 하려 하심이라"(5:27).

그리고 5장 32절에 이 비밀이 크다고 말합니다. 예수 그리스도의 신부, 연인인 교회는 예수의 신부가 되기 위해 거룩하고 흠이 없어야 합니다.

에베소서 1장 4절 말씀처럼, 창세 전에 그리스도 안에서 우리를 택하사 우리로 사랑 안에서 그 앞에 거룩하고 흠이 없게 만들어가시는 과정입니다. 그래서 결국에는 영광스러운 신부가 되게 하시고 영원히 살게 하십니다. 그리스도가 이 세상에 오셔서 겸손과 섬김과 용서의 십자가에 죽으심으로 말미암아 그 사랑을 받는 신부가 된 것입니다. 정말 사랑하는 남편과 아내의 모습 속에서 하나님의 창조의 비밀을 발견할 수 있습니다.

오늘 본문에서 교회는 네 가지 속성을 가져야 한다고 말합니다.

첫째로 우리는 몸이기 때문에 하나로 연합되어야 합니다. 하지만 모두가 똑같을 수는 없습니다. 둘째로 다양성이 있어야 합니다. 조화로운 지구의 만물들과 우주를 보십시오. 셋째로 거룩하고 순결해야 합니다. 연합과 다양성이 있어도 더러우면 병에 걸려 죽듯이 하나님 앞에 설 수가 없습니다. 교회는 순결해야 합니다. 넷째로 사랑이 있어야 합니다. 그 사랑에 대해 5장 21절에서는 "그리스도를 경외함으로 피차 복종하라"라고 했습니다. 그리스도께서 우리를 사랑하신 것같이 서로를 사랑하라는 실제적인 사랑의 방법을 제시하고 있습니다.

이 피차 복종에 대해 이야기한 후에 부부와 자식이 어떻게 사랑해야 하는지, 주인과 종이 어떻게 사랑해야 하는지에 대해 언급하고 있습니다. 사랑과 복종이 없다면 교회가 아닙니다.

첫째, 가까운 이웃을 사랑해야 합니다.

가장 가까이서 매일 보는 아내, 남편, 부모, 자녀, 친구, 직장 동료들을 사랑해야 합니다. 우리는 너무나도 위선적이어서 서로 사랑한다고 하면서 자기가 좋아하는 사람만 좋아합니다. 서로에게 무례하고 예의가 없게 대하기도 합니다. 가깝고 친하다고 이웃을 무시하고, 사랑한다면서 비인격적으로 대하는 것이 우리의 위선적인 모습입니다. 성경은 우리가 가장 인격적으로 대해야 할 사람들은 주변의 가까운 사람들이라고 말합니다.

둘째, 서로 복종해야 합니다.

모든 관계에는 지배자와 피지배자가 있습니다. 부모와 자녀 사이에도, 직장에서도 이 관계가 존재합니다. 이것은 사탄이 만든 수직적인 관계입니다. 서로 가까운 사람들이 이 수직관계로 인해 상처를 많이 받지만 성경은 '피차 복종'을 우리에게 제시하고 있습니다.

2천 년 전 유대 사회는 헬라 문화, 유대 문화와 로마 문화가 어우러져 있었습니다. 그 당시 세 부류는 사람 취급을 받지 못했는데 여자, 아이들, 그리고 물건이었습니다. 우리 동아시아권도 그랬습니다. 유대교 경전은 구약인데 구약의 정신을 잘못 이해해서 수직적인 관계로 생각했고 그것이 기독교를 종교로 전락시켜 버렸습니다.

신명기 24장 1절에 사람이 아내를 맞이하여 데려온 후에 그에게 수치되는 일이 있음을 발견하고 그를 기뻐하지 아니하면 이혼증서를 써주고 내보내라고 쓰여 있습니다. 이 말씀은 원래 신부의 거룩함을 강조하는 것인데, 그들은 이것을 잘못 해석해서 여자를 물건 취급했고 남자들은 간음을 해도 용서가 되었습니다. 성경 말씀에서 수치가 되는 여자는 어떤 여자였냐면 '음식의 간을 못 맞추는 아내, 머리를 가리지 않고 외출하는 아내, 큰 소리로 떠드는 아내, 남편에게 잔소리를 많이 하는 아내, 남편 앞에서 시댁에 대해 안 좋은 소리를 하는 아내' 들이었습니다.

옛날 한국에서는 더했습니다. 삼강오륜 중에 부위부강, 즉 아내는 남편을 섬기는 것이 근본이라고 했습니다. 공자가 국가 지도자의 권위를 세우고 지배자가 피지배자들을 다스리는 질서를 세우기 위해 만든 것이 삼강오륜이고 유교의 정신입니다. 질서를 잡으려면 반드시 수직관계가 있어야 합니다. 저는 기독교인으로서 이 유교 사상에 뼛속 깊이 물든 사람입니다. 우리 나라를 한이 많은 나라라고 하는데 이것은 왜적의 침략을 많이 받았기 때문도 있지만 이 유교의 수직관계 즉 지배관계에서 한이 맺힌 것입니다.

유교사상에서 세 가지 문제점을 찾을 수 있습니다. 첫째로 삼강오륜에는 하나님이 배재되어 있습니다. 삼강오륜은 수직관계를 나타냅니다. 질서는 잡히지만 너무나도 악한 것입니다. 삼강오륜으로 남을 자기처럼 사랑하는 것은 불가능합니다. 부모와의 관계를 보면 아이들이 클수록 지배층이 바뀝니다. 그것을 막기 위해 '효'를 강조했지만 억지 효와 진심의 효는 다른 것입니다. 부모가 자식을 비인격적으로 대하면 자식이 커서 비인격적으로 부모를 대할 가능성이 큽니다. 둘째로 유교에서 말하는 관계는 강압적입니다. 셋째로, 유교의 관계는 수직적이고 비교적입니다. 연합을 깨뜨리고 당파를 조성하고 서로를 비교하고 경쟁했습니다. 양반들이 서로 싸우고 기득권자들이 날마다 싸웠습니다.

에베소서 5장 21절 말씀은 이러한 유대교 사회, 동양 사회의 수직관계를 배제합니다.

"그리스도를 경외함으로 피차 복종하라"

그리스도를 경외함으로 피차 복종하라고 한 것은 하나님께서 바울에게 계시한 말씀입니다. 이 말씀은 절대 사람에게서 나올 수 없는 말씀입니다. 하나님께서 바울을 변화시키시고 용서하시고 새 사람으로 만드셨기 때문입니다. 바울은 그 하나님께 복종한 것입니다. 하나님은 우리에게 피차 복종하라고 하면서 자신의 독생자 예수를 가장 낮은 자리인 십자가에서 돌아가게 하셨습니다.

옛날 웅변가들을 따르던 제자들처럼 우리도 예수의 품행을 본받고 따라야 합니다. 십자가의 사랑은 겸손입니다. 남편들은 아내를 겸손하게 자신의 몸과 같이 사랑해야 합니다. 아내 역시 남편을 존경하고 따라야 합니다. 예수께서 우리를 존경한다고 말하면서 남을 존경하지 않는다면 그것은 위선입니다.

바울은 위대하신 하나님이 자신같이 연약하고 비천한 자에게 복종한다는 것에 놀라움을 금치 못했습니다. 피차 복종하는 것이 기독교의 정신입니다. 겉모양은 예수를 믿는다고 하면서 수직관계를 유지하는 것은 믿는 것이 아닙니다. 겉과 속이 같으려면 십자가를 본받고 서로 겸손해야 합니다.

믿는 우리가 잘 살지 못하면 세상에 소망이 없습니다. 예수께서 십자가에 달려 돌아가셨기에 세상에 소망이 있는 것입니다. 우리가 복종하지 않으면 소망이 없습니다. 교회가 세상의 패러다임을 바꿔야 합니다. 우리가 잘 살아야 하고 더욱 예수를 본받아야 합니다.

먼저 가족에게 복종을 시작해야 합니다. 우리는 머지않아 예수 앞에 설 것입니다. 바울은 그리스도의 십자가와 부활의 비밀을 알려고 푯대를 향해 나아간다고 표현했습니다. 예수 믿는 사람들은 십자가를 사모하는 삶을 살아야 합니다. 복종하는 삶을 사십시오. 반드시 예수 앞에 서야 하는 날이 올 터인데 최선을 다해 열심히 살았다고 대답할 수 있는 여러분이 되기를 바랍니다.

천국의 비밀 13

에베소서 6장 10-24절

끝으로 너희가 주 안에서와 그 힘의 능력으로 강건하여지고 마귀의 간계를 능히 대적하기 위하여 하나님의 전신 갑주를 입으라 우리의 씨름은 혈과 육을 상대하는 것이 아니요 통치자들과 권세들과 이 어둠의 세상 주관자들과 하늘에 있는 악의 영들을 상대함이라 그러므로 하나님의 전신 갑주를 취하라 이는 악한 날에 너희가 능히 대적하고 모든 일을 행한 후에 서기 위함이라 그런즉 서서 진리로 너희 허리 띠를 띠고 의의 호심경을 붙이고 평안의 복음이 준비한 것으로 신을 신고 모든 것 위에 믿음의 방패를 가지고 이로써 능히 악한 자의 모든 불화살을 소멸하고 구원의 투구와 성령의 검 곧 하나님의 말씀을 가지라 모든 기도와 간구를 하되 항상 성령 안에서 기도하고 이를 위하여 깨어 구하기를 항상 힘쓰며 여러 성도를 위하여 구하라 또 나를 위하여 구할 것은 내게 말씀을 주사 나로 입을 열어 복음의 비밀을 담대히 알리게 하옵소서 할 것이니 이 일을 위하여 내가 쇠사슬에 매인 사신이 된 것은 나로 이 일에 당연히 할 말을 담대히 하게 하려 하심이라 나의 사정 곧 내가 무엇을 하는지 너희에게도 알리려 하노니 사랑을 받은 형제요 주 안에서 진실한 일꾼인 두기고가 모든 일을 너희에게 알리리라 우리 사정을 알리고 또 너희 마음을 위로하기 위하여 내가 특별히 그를 너희에게 보내었노라 아버지 하나님과 주 예수 그리스도께로부터 평안과 믿음을 겸한 사랑이 형제들에게 있을지어다 우리 주 예수 그리스도를 변함 없이 사랑하는 모든 자에게 은혜가 있을지어다(엡 6:10-24).

천국의 비밀에 대한 에베소서의 마지막 이야기입니다. 천국의 비밀 가운데 교회가 무엇인가에 대해 말씀드리겠습니다. 교회는 하나님의 군대입니다. 교회가 그리스도의 몸이며 군대이므로 여러분은 천국의 병사요 군인입니다.

에베소서 4장부터 교회의 네 가지 속성(연합성, 다양성, 거룩성, 사랑)에 대해 나누었습니다. 교회는 서로 연합해야 하고 서로 다른 다양성을 인정하고 거룩해야 하고 서로 복종하며 사랑해야 합니다.

이 네 가지를 갖추고 교회는 무엇을 해야 합니까? 마태복음 16장을 보면 십자가에 달려 돌아가시기 전 예수는 제자들에게 "주는 그리스도시요 살아계신 하나님의 아들이라 고백하는 이들이 모인 곳이 교회"라고 말씀하시고 '음부의 권세'가 이기지 못하는 곳이 교회라고 하셨습니다. 그 음부의 권세는 본문 6장 12절에 나오는 악의 영들입니다. 우리의 씨름, 즉 싸움과 전쟁은 혈과 육을 상대하는 것이 아니요 통치자들과 권세들과 이 어둠의 세상 주관자들과 하늘에 있는 악의 영들을 상대하는 것이라고 했습니다. 믿음이 부족하면 모든 것을 혈과 육으로 생각해 가까운 사람이 원수 되기가 쉽습니다. 우리는 주적이 누구인지 분명히 알아야 합니다.

한국 시민을 상대로 설문조사를 해보니 미국이 한국의 주적이라고 하는 의견도 나왔습니다. 한국 국민의 30%만이 천안함 북침 사실을 믿는다고 합니다. 이 주적 개념이 잘못되어 있기 때문에 혼란이 오는 것입니다.

우리의 주적은 인간이 아닌 마귀입니다. 성경은 분명히 이야기합니다. 우리는 연합해야 합니다. 마귀는 자신의 정체를 드러내지 않고 여러분을 유혹하고 홀립니다. 이 세상의 악을 어떻게 해석하시겠습니까? 하나님은 선이십니다. 모든 악은 마귀, 사탄에서부터 오는 것입니다. 우리는 통치자들과 권세들과 어둠의 세상 주관자들과 하늘에 있는 악의 영들을 상대해야 합니다.

신앙생활은 3단계로 되어 있습니다.

첫째, 터닝포인트를 체험하는 단계입니다.

에베소서 2장 6절 말씀에 "또 함께 일으키사 그리스도 예수 안에서 함께 하늘에 앉히시니"라고 했는데 모든 삶에는 터닝포인트가 있습니다. 그중 가장 중요한 터닝포인트는 육체와 혼의 세계에서 살다가 어느 순간 영적인 세계를 깨닫는 것입니다. 그렇지 않으면 동물 같은 삶을 사는 것이나 다름 없습니다.

바울 사도는 자신이 배운 지식과 조상들의 문화에 열심이었지만 '영'의 세계를 몰랐습니다. 하지만 부활하신 예수를 만나고 그의 삶이 변화됩니다. 이것이 바울의 터닝포인트입니다. 이런 터닝포인트가 여러분의 삶에도 있어야 합니다. 자신이 예수를 믿고 있는지, 구원을 받았는지, 예수의 보혈이 자신을 깨끗게 했는지 깨달아야 합니다. 깨달은 자를 하나님께서 죽은 자와 함께 일으키사 그리스도 예수 안에서 하늘에 앉히어 하늘 시민권을 얻게 하는 것입니다.

시민권이 얼마나 좋은 것인 줄 모릅니다. 미국에서도 시민권이 없어서 힘들어하는 사람들이 많이 있습니다. 이 세상에선 하늘의 시민권이 필요가 없는 것 같아 감사하지 않는 사람들이 있습니다. 그러나 이것이 얼마나 엄청난 구원인지 알아야 합니다.

문화부장관을 지낸 이어령 씨는 한국의 대표적인 지성인인데 이분이 4년 전에 예수를 믿고 세례를 받았습니다. 그분은 종교는 개인적인 것이어서 자신의 이야기를 책으로 쓰려 하지 않았지만 믿음이 흔들릴 때 권면할 수 있고 비신자들에게 자신의 글이 도움이 될까 해서 《지성에서 영성으로》라는 책을 냈다고 합니다. 이 책을 통해 세상 사람들에게 영적인 세계를 알리고 싶었기 때문입니다.

그의 딸이 미국에서 예수를 믿게 되었는데 암에 걸려 실명을 하게 됩니다. 그럼에도 불구하고 믿음을 갖고 봉사하는 삶을 살았습니다. 그런데 기도 중에 딸의 병이 나아 볼 수 있게 되고 암이 치료받았다는 사실에 놀란 이어령 씨는 영적인 세계를 깨닫고 자신의 신앙을 고백했습니다. 그가 쓴 시 중 그의 지난 삶을 고백하는 내용이 있습니다. 과학주의에 매몰된 사람들에게 영적인 삶이 필요하다는 내용입니다. 이것이 이어령 씨의 터닝포인트였습니다.

여러분은 이런 터닝포인트를 체험했습니까? 여러분의 신분이 하나님의 자녀로 확정되었습니까? 지금 이 자리가 그 터닝포인트가 되기를 바랍니다.

둘째, 행하는 헌신의 단계입니다.

"그러므로 주 안에서 갇힌 내가 너희를 권하노니 너희가 부르심을 받은 일에 합당하게 행하여"(4:1).

하나님의 자녀로 부르심을 받은 일에 합당하게 행하라는 것인데 '행하다'는 헬라어로 '걷는다'는 뜻을 내포하고 있습니다. 아이들이 생후 1년 전후로 걷게 되는데 때가 되어도 아이가 걷지 않으면 문제가 있는 것입니다. 이와 같이 신앙인들 중에서도 영적인 걸음을 걷지 못하는 자가 많습니다.

예수를 믿으면 예수의 말씀에 복종하는 헌신의 시기가 와야 합니다. 주의 말씀이기 때문에 순종해야 합니다. 아브라함이 하나님께 순종하기 위해 하나뿐인 사랑하는 아들 이삭을 제사드리려 했던 것 바로 이것이 4장 1절 말씀의 예입니다. 또한 하나님이 독생자 예수를 십자가에 달려 죽게 하사 온 세계를 구원한 것과 같습니다. 실제로 이삭이 번제로 드려질 뻔했던 장소와 예수가 돌아가신 장소의 이름이 같습니다.

말씀이 이해가 가지 않아도 순종하는 것이 예수 믿는 사람들의 특징입니다. 이삭 또한 아브라함과 제사를 드리러 산에 올라갈 때에 제물이 없어 납득할 수 없는 상황이었지만 순종하며 따랐습니다. 이삭은 자신의 아버지가 자신을 죽이려 할 때 그냥 아버지의 뜻을 따랐습니다. 그때 하나님이 아브라함의 큰 믿음을 보시고 양을 예비하셔서 제사를 드리게 됩니다. 그 양이 예수입니다. 우리가 이해할 수 없는 일이 생기더라도 순종해야 합니다. 순종하지 않으면 하나님의 뜻을 깨닫지 못할 뿐만 아니라 우리 인생도 엉망이 되는 것입니다.

장기려 박사는 경성의학교, 지금의 서울대 의과대학 입학을 앞두고 주님께 자신을 헌신하는 기도를 드렸습니다. 그래서 의학교에 들어가 의사가 되었고 평양 한 병원의 병원장으로 근무하게 되었는데 그때 전쟁이 일어나 북한에서 살게 되었습니다. 공산당 간부가 교회에 계속 갈 것이냐는 물음에 그렇게 할 것이라고 대답했다가 박사는 해임이 됩니다.

공산당의 핍박이 계속되자 그는 가족들과 헤어져 남쪽으로 피난을 와서 부산에 병원을 세웁니다. 그는 옛날 경성의학교 시절에 하나님 앞에 약속한 것을 계속 지켰습니다.

춘원 이광수가 장 박사에게 혹시 예수냐고 물어보자 박사는 기겁을 하며 자신같이 더러운 자는 예수가 아니라고 했습니다. 춘원 이광수는 다시 그에게 바보냐고 되물었습니다. 그만큼 장 박사는 주님께 순종하며 살았습니다.

한 여성이 중병에 걸려 수술을 받고 입원해 있었는데 병원비 때문에 고민하다 장 박사에게 가서 자신의 사정을 말했습니다. 박사는 환자복을 입은 상태로 도망가라고 하고는 자신이 그 돈을 다 갚아 주었습니다. 그러면서 자신은 평생 옥탑방에서 가난하게 살았습니다.

사람들이 한국 기독교를 '개독교'라 욕하지만 그 속에서도 여전히 빛을 발하는 이유는 바로 이런 분들이 있기 때문입니다. 이 분 외에도 많은 분들이 주님을 위해 살다 돌아가셨습니다. 우리도 이와 같이 '행하는' 사람이 되어야 합니다.

셋째, 하나님 앞에 바로 서는 단계입니다.

"그러므로 하나님의 전신 갑주를 취하라 이는 악한 날에 너희가 능히 대적하고 모든 일을 행한 후에 서기 위함이라 그런즉 서서 진리로 너희 허리 띠를 띠고 의의 호심경을 붙이고"(6:13-14)

전신 갑주는 군인들이 전쟁 시에 준비하는 장비입니다. 바로 우리가 그리스도의 군인입니다. 그 당시 로마 군인들은 서서 싸웠습니다. 전쟁 신호가 나면 보병이 방패와 투구를 착용하고 가운데로 나가 싸웁니다. 하나님이 가장 원하시는 것은 우리가 '서는' 것입니다.

예수는 누가복음 6장에서 밤새도록 기도하고 나서 제자들을 뽑은 후 그들과 함께 내려와 평지에 서서 말씀을 전하십니다.

"예수께서 그들과 함께 내려오사 평지에 서시니"(눅 6:17).

예수께서 겟세마네 동산에서 기도를 마치고 내려올 때 사람들이 예수를 찾자 예수는 "나다" 하며 서셨습니다. 베드로는 오순절날 성령이 임하매 열한 제자와 함께 서서 주님을 선포했습니다. 베드로가 섰으면 우리도 설 수 있습니다. 스데반이 복음을 전도하다 잡혔는데 그때 공회당에서 변론하게 할 때에 성경을 인용하며 회개를 촉구했지만 군중들은 이를 갈고 돌을 던졌습니다. 그때 스데반은 "예수께서 하나님 우편에 서신 것을 보고 말하기를 "보라 하늘이 열리고 인자가 하나님 우편에 서신 것을 보노라" 하고 죽었습니다. 그때 바울이 옆에서 스데반을 보았고 깊은 감동을 받았습니다.

이제 우리 교회가 설 때입니다. 신앙생활을 하면서 늘 앉아만 있는 분들은 정신을 차려야 합니다. 지금은 아주 악한 때입니다. 우리가 대적할 주적이 누구인지 알고 행하십시오. 다시 한번 구원의 터닝포인트를 깨달아야 합니다. 행하는 신앙을 가지십시오. 그리고 저와 함께 서셔야 합니다.

원하는 것을 다 하면서 예수를 믿을 수는 없습니다. 내려놓아야 할 것이 있다면 내려놓으시길 바랍니다. 인식의 변화가 필요합니다. 그리스도 앞에 굳건하게 서서 신앙을 지켜 나가시기를 주의 이름으로 축원합니다.

판 권
소 유

에베소서 강해설교

천국의 비밀

2011년 11월 25일 인쇄
2011년 11월 30일 발행

지은이 | 송영선
발행인 | 이형규
발행처 | 쿰란출판사

주소 | 서울 종로구 이화동 184-3
TEL | 02-745-1007, 745-1301~2, 747-1212, 743-1300
영업부 | 02-747-1004, FAX / 02-745-8490
본사평생전화번호 | 0502-756-1004
홈페이지 | http://www.qumran.co.kr
E-mail | qumran@hitel.net
qumran@paran.com
한글인터넷주소 | 쿰란, 쿰란출판사

등록 | 제1-670호(1988.2.27)

값 6,000원

ISBN 978-89-6562-166-9 93230